국제정치
이론과
좀비

THEORIES OF INTERNATIONAL POLITICS AND ZOMBIES
Copyright ⓒ 2012 by Princeton University Press
All rights reserved. No part of this book may be reproduced or transmitted in any form or by any means, electronic or mechanical, including photocopying, recording or by any information storage and retrieval system, without permission in writing from the Publisher.

Korean translation copyright ⓒ 2013 by AGENDA BOOKS.
Korean translation rights arranged with Princeton University Press, through EYA(Eric Yang Agency)

이 책의 한국어판 저작권은 EYA(Eric Yang Agency)를 통해
Princeton University Press와 독점 계약한 '도서출판 어젠다'에 있습니다.
저작권법에 의하여 한국내에서 보호를 받는 저작물이므로 무단 전재와 복제를 금합니다.

Theories of
International Politics And Zombies
국제정치 이론과 좀비

초판1쇄 인쇄 2013년 5월 10일
초판1쇄 발행 2013년 5월 15일

지은이 대니얼 W. 드레즈너
옮긴이 유지연
펴낸이 김지훈
펴낸곳 도서출판 어젠다
마케팅 최미정
관 리 류현숙

출판등록 2012년 2월 9일 (제406-2012-000007호)
주 소 경기도 파주시 광인사길 217
전 화 (031)955-5897 | **팩스** (031)945-8460
이메일 agendabooks@naver.com

《국제정치 이론과 좀비》 독자 북펀드에 참여해주신 분들 (가나다순)
강소영 강주한 김기남 김명철 김세영 김재욱 김희곤 나준영 문형석
박동수 박무자 박혜미 신정훈 양지연 윤윤자 이승원 임상훈 임순희
정민수 최경호 최원호 한성구 (외 6명, 총 28명 참여)

ⓒ 대니얼 W. 드레즈너, 2013
ISBN 978-89-97712-05-2 03340
이 도서의 국립중앙도서관 출판시도서목록(CIP)은 e-CIP홈페이지(http://www.nl.go.kr/ecip)와
국가자료공동목록시스템(http://www.nl.go.kr/kolisnet)에서 이용하실 수 있습니다. (CIP제어번호: CIP2013004694)

Theories of
International Politics And

ZOMBIES

국제정치 이론과 좀비

대니얼 W. 드레즈너 지음
유지연 옮김

어젠다

내가 썼던 다른 책들보다
이 책이 훨씬 쿨하다고 해준
아들 샘에게,
그리고 이 땅에 좀비는 없다고
나를 안심시켜준
딸 로렌에게
이 책을 바친다.

서 문

15년 전에 차를 몰고 대륙 횡단길에 그레이스랜드Graceland, 멤피스에 위치한 엘비스 프레슬리가 살던 맨션과 이를 포함한 거대 부지-역주에 들렀다. 맨션을 쭉 견학하다 정글 룸Jungle Room에 이르자, 맨션을 둘러보던 서른 명 남짓 되는 사람이 두 부류로 확연하게 갈리는 게 보였다. 하나는 엘비스에 대한 모든 것에 철저하고 완전하게 진지한 부류였다. 골수팬이라 할 만한 이들에게 그레이스랜드는 메카이고, 예루살렘이고, 로마였다. 이 중 다수가 킹King, 로큰롤의 황제라 불리던 엘비스를 지칭-역주이 여전히 이 세상에 살아 있다는 확신을 갖고 있는 듯했다. 이들은 화려한 점프슈트엘비스의 트레이드 마크였던 상의와 하의가 붙은 형태의 화려한 의상-역주 소장품 전시를 보고는 숨이 막힐 정도로 감격해 했다.

두 번째 부류는 앞서 말한 관광객과 똑같이 그레이스랜드에서 즐기고는 있었지만 이유는 달랐다. 엘비스와 관련된 모든 것이 드러내는 키치함을 아주 재미있어 했다. 그들이 보기에 초록색 보풀 양탄자와 거울로 된 벽에서 드러나는 미적 취향은 우습고 천박했다. 이런 부류의 사람들은 점프 슈트 전시를 보고는 너무 웃겨서 숨이 막힐 정도였다. 천천히 견학을 하는 동안 나는 우리를 인솔한 가이드가 보여준 철저한 프로 정신에 감명을 받았다. 이 여성은 결코 쉽지 않은 임무를 맡고 있었다. '광팬' 모두에게는 엘비스에 대한 진정한 지식이 샘솟는 원천이 되어줘야 했다. 동시에 그들 외의 관광객에게는 이게 얼마나 우스꽝스럽게 느껴지는지 다 알고 있다는 걸 보여줘야 했다.

표정을 미묘하게 바꾸고 어조를 조금씩 조절해가면서 가이드는 맡은 바 임무를 훌륭히 해냈다. 단 한순간도 열성 팬들 눈에 엘비스를 비웃는 것처럼 보이는 법이 없었다. 그날 모든 사람들은 그레이스랜드 견학에 완전히 만족한 채 그곳을 떠나는 것 같았다.

내가 다른 종류의 그레이스랜드를 관광한 것으로 이 책을 봐줬으면 한다. 주석만 훨씬 많이 들어간 것뿐이라고 말이다. 아 참, 좀비도 많이 들어 있다.

차례

서문	06
프롤로그 완전히 죽지 않은 자, 언데드UNDEAD에 대하여	10

01 좀비 연구 문헌 26
02 좀비란 무엇인가 42
03 식인 구울에 대한 분분한 논쟁 48
04 살아 있는 시체들의 현실정치 64
05 자유주의적 세계질서에서 언데드 관리하기 84
06 신보수주의와 살아 있는 시체들의 악의 축 104
07 좀비의 사회적 구성 114
08 국내정치, 좀비 정치학은 순전히 국지적인가 130
09 관료정치, 좀비 '밀고 당기기' 144
10 우리는 인간일 뿐이다, 언데드에 대한 심리학적 대응 160

에필로그 결론 또는 그렇게 생각되는 것	176
감사의 말	186
옮기고 나서	191
주	202
참고 문헌	213
찾아보기	233

INTROD
TO THE
UNDAED

프롤로그

완전히 죽지 않은 자, 언데드UNDEAD에 대하여

주 여호와께서 이 뼈들에게 이같이 말씀하시기를 내가 생기를 너희에게 들어가게 하리니 너희가 살아나리라. 너희 위에 힘줄을 두고 살을 입히고 가죽으로 덮고 너희 속에 생기를 넣으리니 너희가 살아나리라. 또 내가 여호와인 줄 너희가 알리라 하셨다 하라. 이에 내가 명령을 따라 대언하니 대언할 때에 소리가 나고 움직이며 이 뼈, 저 뼈가 들어맞아 뼈들이 서로 연결되더라. 내가 또 보니 그 뼈에 힘줄이 생기고 살이 오르며 그 위에 가죽이 덮이나 그 속에 생기는 없더라.

—에스겔 37:5~8

세계정치에는 공포를 불러일으키는 자연스러운 원인이 많다. 예를 들어 테러 공격, 치명적인 세계적 유행병, 자연재해, 기후변화, 금융공황, 핵 확산, 민족 분쟁, 국제 사이버전쟁 등이 있다. 그러나 시대적 문화 사조를 살펴보면 기이한 문제 하나가 국제관계에서 가장 빠르게 걱정거리로 부상하고 있는 게 눈에 띈다. 맞다. 좀비 얘기다. 그게 아니면 뭐겠는가.

이들을 구울ghoul, 전통적으로는 시체를 먹는 악귀-역주이라 부르든, 데다이트deadite, 악령에 쓰인 존재-역주라 부르든, 포스트휴먼post-human, 로봇공학이나 유전자 변형 등으로 인간에서 진화한 존재-역주이라 부르든, 스텐치stench, 악취를 뜻함-역주라 부르든 데드헤드Dead heads라 부르든, 움직이는 죽은 자라 부르든, 다른 방식으로

출처 : 위키피디아, 웹 오브 사이언스

살아 있는 생물체the differently animated, 신체장애를 완곡하게 일컫는 '다른 능력을 가진'이란 뜻의 'differently abled'라는 단어를 이용한 표현–역주라 부르든, 살아 있는 시체의 망령이라 부르든, 이들은 국제관계학을 연구하는 학자와 우리가 세계를 이해하는 데 쓰이는 이론에는 골칫거리에 해당한다. 다양한 국제정치학 이론은 죽은 자가 다시 살아나 산 자를 잡아먹기 시작한다면 어떤 일이 일어날 거라고 예측할까? 이런 예측은 얼마나 논리적으로 타당할까, 아니면 취약할까?

진지한 독자는 이런 질문이 비현실적이라고 치부해버릴지도 모른다. 그러나 식인 구울에 대한 관심은 대중문화에

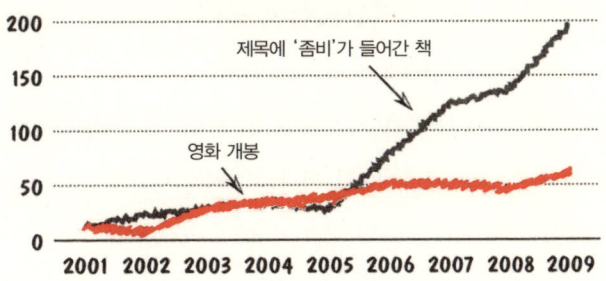

그림 2. 2000년 이후 좀비에 대한 관심

출처 : 아마존닷컴, 위키피디아

서 매우 확연히 드러나고 있다. 영화나 노래나 게임이나 책, 어디를 살펴봐도 이 장르는 확실한 상승세에 있다. 그림 1에서 볼 수 있듯이, 좀비 영화의 개봉은 21세기가 밝아온 이래 급격한 증가 추세에 있다. 줄잡아 모든 좀비 영화 중 3분의 1 이상이 과거 10년간 나왔다.[1] 그림 2를 보면 이런 추산이 심지어 실제보다 적은 수치일지도 모른다는 걸 짐작할 수 있다. 최근에 나온 분석에 따르면 좀비는 지난 10년간 종말 이후 세계를 그린 영화에서 가장 중요한 소재가 되었다.*

영화에서만 좀비에게 흥미를 보인 것이 아니다. 〈레지던트 이블Resident Evil)과 〈레프트 4 데드Left 4 Dead〉 프랜차이즈 같은 좀비 비디오 게임은 좀비 영화가 부흥기를 맞을 거라는 전조였다. 언데드는 현재 텔레비전 드라마에도 등장한다. 예를 들어, 코미디 센트럴이 제작한 〈어글리 아메리칸Ugly Americans〉과 AMC가 제작한 〈워킹 데드Walking Dead〉가 있다. 지난 10년 동안 좀비는 문학 분야로도 진출했다. 대중문학으로는 생존 매뉴얼[2]부터, 아동 서적[3], 수정주의기존 작품을 새롭게 재해석해서 다시 쓴 작품-역주적 초기 빅토리아 시대 문학이 있다.[4] 〈워킹 데드〉와 마블사에서 나온 《좀비Zombies》 같은 만화책 시리즈가 지난 5년간 빠르게 보급되었다. 어느 책 편집자는 〈USA투데이〉에 흥분을 감추지 못하며 이렇게 말했다. "전통 호러물계에서 지금 당장 좀비보다 인기 있는 건 없어요. 살아 있는 시체가 누리는 인기는 한동안 식지 않을 겁니다."[5] 신문 데이터베이스만 대충 살펴봐도, 지난 10년간 포스트휴먼에 대한 언급이 꾸준히 증가하는 걸 알 수 있다.그림 3을 볼 것 분명 살아 있는 시체

＊펠런Phelan 2009. 좀비는 영화에서만큼은 국제적 현상인 게 분명하다. 미국을 넘어 오스트레일리아, 영국, 중국, 체코, 독일, 아일랜드, 이탈리아, 일본, 한국, 멕시코, 노르웨이에서도 좀비 영화가 나왔다. 전체 좀비 영화 목록을 보고 싶으면 러셀 2005를 볼 것.

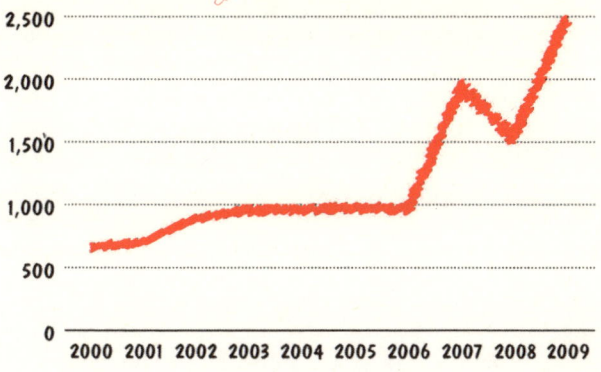

그림 3. 대중 매체에서 나온 좀비에 대한 언급

출처 : 렉시스-넥시스(Lexis-Nexis)

는 변방에서 주류로 갑작스럽게 진입했다.

 좀비 유행이 그저 이상하고 기괴한 것을 갈망하는 대중의 입맛을 만족시키는 데 불과하다고 일축해버리는 사람도 있을 수 있다. 이건 수박 겉핥기식 해석일 뿐이다. 대중문화는 대중의 잠재의식 차원에 존재하거나 밖으로 드러내지 않은 공포를 들여다볼 수 있는 창을 제공한다. 좀비도 마찬가지 역할을 한다. 어떤 문화 평론가는 이렇게도 주장한다. 2001년 9월 11일에 일어난 테러가 바로 좀비에 대한 관심을 다시 새롭게 불러일으킨 일차적 원인으로, 수치가 이런 주장을 증명해준다고 말이다.[6] 그림 2를 볼 것 2001년 가을에

연달아 발생한 탄저병 공격이 바이오테러bioterrorism, 세균·바이러스·독소 등의 생물학 무기에 의한 테러-역주와 바이오 안보bio-security, 생물 보안에 대한 공포와 우려를 불러일으킨 것만큼은 분명하다.[7] 피터 덴들Peter Dendle은 이렇게 말했다. "영화와 비디오 게임이 생생하게 묘사하는 좀비가 불러오는 재앙이 사회에 깊이 뿌리내린 불안감을 발판으로 삼고 있는 건 확실하다."[8] 누가 봐도 좀비는 의학적 질환, 폭민정치, 마르크스주의적 변증법의 은유란 걸 대번에 알 수 있다.*

좀비에 대한 관심이, 전前 미 국방부 장관 도널드 럼스펠드Donald Rumsfeld가 국제 안보에 대한 발언에서 "우리가 모른다는 걸 모르는 것unknown unknowns"이라고 한 것을 인지

---

*좀 더 흥미로운 해석 하나가 그레이디 헨드릭스Grady Hendrix 2008가 내린 결론이다. 그에 따르면 후안 카를로스 프레스나디요Juan Carlos Fresnadillo 감독이 만든 〈28주 후28 Weeks Later〉 2007는, "스타벅스가 도저히 막을 수 없이 전 세계적으로 확산되는 데 대한 효과적 은유"다. 좀비를 어떻게 은유로 사용하는지에 대해 보다 일반적인 논의를 보고 싶으면 아퀼리나Aquilina와 휴즈Hughes, 2006, 코마로프Comaroff와 코마로프 2002, 쿡Cooke 2009 7장, 페이Fay, 2008, 하퍼Harper, 2002, 케이Kay, 2008, 라우로Lauro와 엠브리Embry, 2008, 뉴위츠Newitz, 2006, 파펜로스Paffenroth, 2006, 러셀Russell, 2005, 웹Webb과 버나드Byrnard, 2008을 볼 것.

적으로 파악하려는 간접적인 시도라 가정하는 국제관계학 학자도 있다.[9] 그러나 어쩌면 죽은 자가 되살아나 산 자의 내장을 파먹는다고 하는, 엄연히 존재하지만 공공연히 의식하지는 못하는 공포가 존재할지도 모른다. 주요 대학교와 경찰서는 좀비가 발생하는 만일의 사태에 대비해 '모의' 대책을 개발해왔다.[10] 점점 더 많은 대학생이 스트레스를 풀기 위해, 어쩌면 반드시 나타날 언데드 군단에 대비하기 위해 캠퍼스에서 인간 대 좀비 놀이를 하고 있다.[11] 《아웃도어 라이프Outdoor Life》 잡지는 '좀비용 총Zombie Guns'에 대한 기사에서, "좀비를 죽이는 단 한 가지 방법은 머리를 쏘는 것뿐"이라고 강조했다.[12] 바이오 안보는 중앙정부에게 새롭고 긴요한 임무가 되었다.[13] 아이티 정부는 사람들을 좀비로 만들지 못하게 하는 법률을 제정했다.[14] 하지만 어떤 강대국도 이런 일을 공식적으로 한 적은 없다. 다만 이들 정부가 비공식적으로 하고 있는 일을 추측해볼 수 있을 뿐이다.

    이런 사례를 너무 과장하지 않도록 조심해야 한다. 어쨌든 대중적 관심을 끄는 초자연적 현상이 식인 구울만은 아니니까 말이다. 지난 10년간 외계인, 유령, 뱀파이어, 마법사, 마녀, 호빗 역시 사람들 입에 오르내렸다. 어떤 사람의 눈에 좀비라는 괴물은 다른 초자연적 존재에 비해 열등한 존재다. 문화계의 엘리트가 좀비를 멸시한 게 이런 시각을 부추겼다. 그들은 좀비가 초자연적 존재 중에서도 독창적이지 못한 저급한 부류라 여겼다. 원하는 거라고는 "**뇌에에에~**"뿐인, 발을 질질 끌면서 뒤뚱거리며 걷는 존재라고 말이다. 25년 전에 제임스 트윗첼James Twitchell이 내린 결론은 이렇다. "좀비는 진짜 바보다. 전두엽 절제술을 받은 뱀파이어라고 보면 된다."[15] 대중문화에서 좀비 르네상스가 찾아왔는데도 불구하고, 그들의 평판은 여전히 좋지 않다. 폴 월드먼Paul Waldmann은 2009년에 이렇게 말했다. "사실 좀비는 따분한 존재일 게 틀림없다. … 그토록 단순하기 짝이 없는 악당이 그렇게 오래 번성했다는 게 참으로 놀라울 뿐이다."[16] 2010년에 아카데미 시상식에서는 호러 영화에 경의를 표하는 3분짜리 특별 영상을 상영했지만 좀비 영화에 할애한 시간은 겨우 1000분의 1초뿐으로, 처키 인형보다도 훨씬 적었다. J. K. 롤링이 만들어낸 《해리 포터》나, 《트와일라이트》 시리즈에 나오는 에드워드 컬렌 같은 매력을 지닌 좀비는 한 명도 없다.

그러나 공공 정책이라는 측면에서 보면 좀비는 다른 어떤 초자연적 현상보다도 훨씬 더 큰 관심을 받을 만한 자격

＊베를린스키Berlinski, 2009; 데이비스Davis, 1985, 1988; 에프티미오우Efthimiou와 간디Gandhi, 2007; 리틀우드Littlewood와 두용-Douyon, 1997. 대체로 이럴 가능성은 조지 로메로 감독이 만든 〈살아 있는 시체들의 밤Night of the Living Dead〉1968에서 유래한 식인 구울이 아닌, 부두교 의식을 통해 되살아난 자유의지가 없는 인간이라는 전통적인 아이티식 좀비 개념과 밀접한 관련이 있다.

이 있다. 과학자와 의사는 뱀파이어나 악령과는 달리 여러 종류의 좀비가 현실 세계에 실제로 존재할 수 있다는 걸 인정한다.*

좀비는 뱀파이어나 유령이나 마녀나 악령이나 마법사에게는 없는 개연성이라는 품격이 있다. 좀비를 탄생시키는 데 반드시 초자연적 행위가 필요한 건 아니기 때문이다. 사실 좀비가 가진 이런 개연성은 전문가를 대상으로 한 설문조사에서도 엿볼 수 있다. 직업적인 철학자를 대상으로 한 최근 여론조사에 따르면 철학자 중 58퍼센트가 어떤 면에서는 좀비가 존재할 수 있다고 믿는다. 그런데 같은 응답자 중 15퍼센트 미만만이 기꺼이 하나님을 믿을 의향이 있다고 했다.*

학계에 얼마나 많은 종교나 신학 분야가 존재하는지 생

---

*2009년 11월에 직업 철학자 및 그 외 사람 3226명을 대상으로 실시한 필페이퍼스 서베이PhilPapers Survey(http://philpapers.org/surveys)에서 나온 자료. 의식이 없다는 점 외에는 모든 면에서 인간과 동일하다는 '좀비'에 대한 철학적 정의는 인육을 먹는 데 여념이 없는 되살아난 시체라는 통상적 정의와는 약간 차이가 있다. 그러나 두 의미는 개념상 공통된 부분이 있다. 즉 데이비드 차머스David Chalmers, 1996, 96가 말한 대로, 이런 두 가지 부류의 좀비는 모두 "다들 기본적으로 사악하다".

각해보면 학자로서 인육으로 끼니를 때우는, 다시 살아난 시체라는 문제를 무시하고 넘어가는 건 인색한 태도가 아닌가 싶다.

좀비 정전正典의 전통적인 이야기는 다른 초자연적 존재에 대한 이야기와 달라 보이기도 한다. 좀비 이야기는 모든 좀비를 박멸 또는 복속시키거나, 지구상에서 인류가 멸종되거나 둘 중 하나로 끝난다.[17] 대중문화에서 보여주는 대로라면 구울과 인간이 평화롭게 공존할 가능성은 희박하다. 이런 식으로 '전부全部, 아니면 전무全無'라는 극단적 결과는 뱀파이어나 마법사가 나오는 문학에서는 그리 흔치 않다. 세계를 점령하려는 뱀파이어 이야기는 그보다 훨씬 더 적다.[18] 그 대신 이 야행성 존재는 현존하는 권력 구조 속으로 편입되는 경우가 흔하다. 실제로 최근 문학에서 쓰는 수사적 표현은 뱀파이어나 마법사가 충분히 섹시하기만 하다면 전 세계의 많은 고등학교에서 평범한 10대와 평화롭게 공존할 수 있다고 암시한다.[19] 하지만 좀비는 그렇지 못하다. "대중문화가 국제정치를 '현재' 형태로 '만들고'" 있는 게 사실이라면 국제관계학계에서는 식인 구울이 일으키는 문제를 좀 더 시급히 연구해볼 필요가 있다.[20]

THE ZO[N
LITERAT

01

좀비 연구 문헌

좀비를 주제로 한 연구 문헌을 먼저 살펴보지 않고 좀비 문제에 대해 논의를 계속한다는 건 무모한 짓일 수 있다. 다행히 살아 있는 시체들은 현재 그림 1이 증명하듯이 엄밀한 학문의 주목을 받고 있다. 인문학에서는 식인 구울을 문화적으로 분석하는 데 여념이 없다.[1] 철학자는 좀비가 가진 논리적 개연성과 형이상학적 가능성을 아주 면밀히 고찰해보고 있다.[2]

   자연과학은 좀비 문제를 공략하기 시작하는 단계에 있다. 동물학자는 동물계 어딘가에 좀비와 비슷한 동물이 존재하는지를 살펴보고 있다.[3] 생물학자는 사람을 무는 사람이 가진 질병을 전염시키는 특성에 대해 연구해왔다.[4] 법의학 인류학자는 육체가 부패하는 동안 좀비가 얼마나 오래 살아남을 수 있는지를 연구하고 있다.[5] 물리학자는 좀비 같은 신체가 보이는 '난보亂步, random walk'를 피해 몸을 숨기기에 최적의 장소를 분석했다.[6] 컴퓨터 과학자는 온라인 좀비, 즉 봇네트botnets, 해커가 봇 프로그램으로 감염시켜 지배하는 좀비 PC로 이루어진 컴퓨터 네트워크를 가리키는 말-역주를 막기 위해 열심히 연구 중이다.[7] 수학자는 최근 좀비 확산의 이론적 모형을 만들어 경각심을 불러일으키는 다음과 같은 결론을 내놓았다. "인간을 감염시키는 좀비가 폭발적으로 증가하면 이런 언데드에 맞서 극도로 공격적인 전술을 사용하지 않는 한 막심한 피해가 발생할 수 있다. … 좀비 급증에 신속하게 대처하지 못하는 경우, 문명 붕괴로 이어질 수 있다."[8] 그러나 이런 연구는 비판적인 피드백을 불러왔다.[9]

좀비 문헌에 대해 간단히만 조사해보아도 화급하고 그래서 대처가 곤란한 문제가 드러난다. 인문학과 자연과학은 인육을 먹는, 되살아난 시체가 일으키는 문제에 주목해왔다. 그러나 사회과학은 이런 쪽 연구에 이상하리만치 참여하지 않고 있다. 2010년 7월 현재 좀비 연구학회Zombie Research Society를 위한 자문위원회에는 사회과학자가 단 한 명도 없다.[10] 사회과학자가 좀비를 언급하는 경우는 은유적 표현이 필요할 때뿐일 것이다.[11] 경제학자가 뱀파이어 세계에 최적인 엄밀한 거시경제 정책 모델을 마련하긴 했지만[12] 아직까지 좀비 소비함수consumption function, 소비지출에 영향을 미치는 요인과 소비지출 크기의 함수 관계-역주를 완성한 적은 없다. 좀비가 떼를 지어 사람을 공격하는 경향을 보이는데도 사회학자는 좀비가 가진 반사회적 사회성을 분석한 적이 없다. 정치학은 살아 있는 시체와 관련한 정책적 대응 방안과 거버넌스 문제를 다루는 데 굴욕적일 정도로 실패했다. 같은 계통에 있는 학문 분야가 이룬 성과와 비교해보면 사회학 일반, 구체적으로는 국제관계학은 좀비에 대한 이해 격차에 시달리고 있다.

학문적 연구가 이렇게 부족하기 때문에 이는 국제관계학 연구자와 정책 입안자를 똑같이 괴롭힐 게 분명하다. 고전의 저자들은 살아 있는 시체의 위협을 확실히 인식하고 있었다. 〈에스겔서〉 첫 구절이 암시하듯이 말이다. 《손자병법》에서 손자는 언데드의 위협이 목전에 닥칠 게 확실히 예상되는 '사지死地'에 몰렸을 때 맞서 싸우는 게 얼마나 중요한지를 강조했다. 투키디데스는 《펠로폰네소스 전쟁사》에서 "통상적인 질병과 분명히 다른 전염병"이 어떻게 총체적 무법 상태와 혼란을 가져올지를 자세히 설명했다. 토마스 홉스가 자연 상태the state of nature를 "끊임없는 공포와 비명횡사할 위험, 적막하고 가난하고 힘겹고 잔혹하고 짧은 인생" 중 하나라고 묘사했을 때는 좀비를 심중에 두고 있었거나 좀비가 바로 자기 문 앞에 있었거나 둘 중 하나였다.[13]

이에 반해 오늘날 학계는 이 주제에 대해 모호한 태도를 취하거나 아무 생각이 없다. 현대 국제관계론자는 다른 초자연적 현상을 집중적으로 파고들고 있다. 즉 이는 UFO, 마법사, 호빗, 뱀파이어 들이지 좀비는 아니다.[14] 국제정치학계에서 더 많은 학문 분야가 살아 있는 시체에 주목하지 않고 있다는 건 진정 놀라운 일이다.

정책 입안이라는 관점에서 봐도 식인 구울에 대한 더 많은 연구가 필요하다. 유력한 정책 입안자가 최근 몇 년간 보여주었듯이, 발생 확률이 낮은 사건일지라도 그로 인해 예상되는 결과가 참혹한 경우에는 과도한 정책적 대응을 이끌어낼 수도 있다.[15] 전 부통령 리처드 체니는 심각한 테러 공격이 일어날 가능성이 1퍼센트라도 있으면 극단적 조치가 필요하다고 믿었다.[16] 정책 분석가가 이런 논리를 언데드에 적용한다면 예방 조치는 필수적일 수밖에 없다. 좀비 폭동이 일어날 가능성이 매우 적다고 하더라도, 다시 살아나서 살아 있는 사람을 잡아먹는 죽은 자는 핵무기 테러보다도 인류의 생존에 훨씬 더 큰 위협이다. 사실 살아 있는 시체는 제시카 스턴Jessica Stern, 테러리즘 및 대외 정책 컨설턴트이자 하버드 대학교 교수-역주이 '두려운 위험dreaded risk'[17]이라 한 것을 말 그대로 형상화한 존재다.

영화나 소설에서 좀비가 불러일으키는 결과는 너무나 비참해 보이기 때문에 이런 가정을 할 때에는 보다 전략적인 계획 수립에 힘을 쏟아야 한다. 언데드라는 적과 처음 맞닥뜨린 순간 좀비에 맞서기 위한 어떤 비상 계획도 무너질 가능성이 있기 때문이다.[18] 그럼에도 계획을 세우는 과정 자체가 장차 있을 정책 대응의 질을 향상시킬 수 있다.[19] 지난 10년간 이루어진 무력 침략에서 얻은 교훈은 잠재적 적에 대한 안이하고 피상적인 지식으로 외교정책을 수행하는 게 얼마나 위험한지다. 전통적인 정치·외교적인 핵 억지나 경제 제재, 외교적 전환책 등은 살아 있는 시체에 대응하는 데는 별 소용이 없을 것이다.*

좀비가 갈수록 점점 더 많은 인기를 누리고 있기 때문에도 좀비에 대한 더 많은 연구가 필요하다. 연구 결과에 따

---

*좀비는 인육을 갈망한다. 당근이나 채찍이 아니다. 과잉 대응과 미온적 대응 모두를 피하기 위해서는 좀비에 대한 심도 있는 지식과 좀비에 대한 실현 가능한 정책이 반드시 필요하다.

르면 초자연적인 이야기를 접하는 경우 그런 존재가 실재한다는 걸 믿을 가능성이 높아진다.[20] 그 믿음은 전염성이 강한 특징이 있다. 즉 다른 사람이 가진 믿음을 접하면 자기도 그것과 똑같이 믿을 가능성이 높아진다. 이는 논리적 개연성과 상관없다.[21] 좀비가 대중문화 속으로 스며들면 들수록 점점 더 많은 사람이 이들의 실재를 믿고 무서워하고 겁낼 것이다. 공포는 정책 입안에 여러 가지 차원에서 깊은 영향을 미칠 수 있는 강력한 감정이다.[22] 살아 있는 시체에 대한 공포는 9.11 이후에 미군이 테러 공격에 대한 공포로 이라크에 있는 아부 그라이브에서 재소자를 고문했던 것처럼 자멸적인 정책 대응을 이끌어낼 수도 있다. 그러므로 식인 구울에게 잡아먹히지 않을까 하는 대중적 공포를 엄밀한 학문적 연구가 해소해줄 수 있다는 점만큼은 확실하다.

여러모로 국제관계학은 좀비 폭동 대처법에 대한 대부분의 논의에서 빠져 있는 연결 고리다. 언데드가 가하는 위협은 좀비가 등장하는 주요 작품에서 보편적으로 나타난다. 그러나 이런 이야기는 국제정치에 대한 기초 지식을 충분히 담고 있지 않다. 살아 있는 시체에 대한 이야기는 사회 분석 단위로 소규모 지역사회나 가족을 이용한다. 한 나라의 중앙정부나 국제관계가 미치는 영향에 대해서는 좀처럼 언급하지 않는다. 살아 있는 시체가 '어떤' 식으로든 정책 대응을 야기할 거라는 게 논리적인 판단일 텐데도 말이다. 초자연적 존재가 등장하는 호러 소설을 쓴 조나단 마베리 Jonathan Maberry가 말했듯, "이 장르에 속하는 주요 작품은 배경 이야기로 군대나 경찰이나 민간 방위 조직을 등장시킨다."[23] 문제는 이런 대응을 빨리 처리해버리거나 얼버무린 채로 세계의 종말 이야기에 다다른다는 데 있다.[24] 당국의 정책 대응은 그게 차선책이라 할지라도, 죽은 자가 다시 살아났을 때 어떻게 대응할지, 또 국제관계는 이후에 어떤 형태가 될지에 대한 우리 예상에 반영되어야만 한다.

여기에 뒤따르는 게 좀비와 세계정치 간 상호작용을 알고자 하는 점점 커가는 갈망을 채우려는 노력이다. 애석하게도 어떤 방식의 학술 연구는 실현 가능성이 전혀 없다. 여러 임상실험 대상자 보호위원회 human subjects committees가 실험 방법에 만만찮은 제약을 가할 것이기 때문이다. 좀비 출현의 특이한 특징 하나가 통계적 접근법이 적합하지 않다는 것이다. 그럼에도 불구하고 계속 연구를 진행해나갈 수 있는 방법은 널렸다. 즉 새로운 이론 모델을 개발하거나, 좀비와 비슷한 상황에 대한 경험이 풍부한 정책 입안자를 인터뷰하거나, 효과적인 컴퓨터 시뮬레이션을 만들거나 다른 방식을 탐색해보는 것 등이다.

그러나 국제관계 이론의 현재를 살펴보면 세계정치 모델을 만드는 최선의 방법에 대해 합의가 없다는 걸 알 수 있다. 국제관계를 설명하려는 패러다임은 이미 다양하다. 각 패러다임마다 좀비가 세계정치에 어떤 영향을 미치는지, 정치 관계자가 어떻게 살아 있는 시체에 대처할지에 서로 다른 의견을 갖고 있다. 그래서 나는 현존하는 국제관계 이론이 좀비 발생에 대응해서 어떤 일이 일어날 거라고 예측하는지를 구체화시켜보기로 결심했다.* 이들 이론은 어떤 일이 일어날 거라 예상하는가? 여기에서 어떤 정책 방안이 나오는가? 은신과 비축을 해야 할 적기는 언제인가?

이런 분석은 좀비가 가할 수 있는 위협 때문만이 아니라, 기존 국제정치 이론에 대한 스트레스 테스트stress test 방법으로서도 유용하다. 학자, 논평자, 정책 분석가는 복잡한 세계의 인식적 지표로써 연역적 이론에 의존한다. 이들 이론에서 나오는 관찰 결과가 많으면 많을수록 우리에게 알려진 모르는 것known unknowns, '그리고' 우리가 모른다는 것을 모르는 것unknown unknowns을 설명하는 능력은 크게 증가한다.[25] 이런 설명력 중 한 가지는 시스템에 외부적 충격이 가해질 때 결과에 미칠 영향을 예측하는 유용하고 반직

관적인 능력이다. 몹시 굶주려 있는 시체 군단은 틀림없이 그런 충격이 될 만하다.

좀비의 존재를 부정하는 사람들은 죽은 사람이 다시 살아나 산 사람을 먹어치울 가능성은 거의 없으므로 이런 시도가 계몽이라는 측면에서 도움을 거의 주지 않을 거라고 주장할지 모른다. 이런 주장은 세계정치가 변화하고 있는 방식, 또 그에 따라 국제관계학이 변화해야 할 필요성을 간과하고 있다. 전통적으로 국제관계학은 민족국가nation-states 간에 일어나는 상호작용에 관심을 두었다. 그러나 최근 안보에 관련된 많은 우려는 전통적이지 않은 위협에 집중되고 있다. 세계정치에서 점점 커가는 우려 중 하나는, 목적

＊지면상 제약으로 마르크시즘이나 페미니즘 같은 몇몇 이론이 식인 구울에 어떻게 대처할지를 좀 더 밀도 있게 논의하기는 불가능하다. 이런 이론은 전통적인 아이티나 부두교 좀비를 분석할 때 좀 더 효과적인 설명 수단이 될 것으로 보인다. 평소대로라면 나는 이런 패러다임이 식인 구울을 중점적으로 다뤄야 한다고 촉구할 것이다. 그러나 이 경우에는 조심스럽다. 솔직히 말해서 이번 프로젝트는 명백히 인간 중심적이다. 반면 마르크시스트나 페미니스트는 좀비를 동정할 가능성이 있다. 마르크시스트에게 언데드는 억압받는 프롤레타리아를 상징한다. 모든 좀비가 되살아난 백인 남성이 아닌 이상, 페미니스트는 현존하는 가부장제를 와해시키는 이들 포스트휴먼을 환영할지 모른다.

이 분명한 행위자에서 예측 불허 세력으로 권력이 이동하고 있다는 데 있다.[26] 식인 구울은 국제적인 정치 통일체 body politic에 가장 두드러진 우려를 보여주는 대표적인 예다. 좀비는 온전히 21세기적 위협이다. 그래서 진지한 전문가는 이들을 잘 파악하지 못한다. 또 그들은 변화무쌍한 능력을 갖고 있다. 그렇기 때문에 국가가 직면해야 하는 문제는 아주 심각하다.

나는 두 가지 증거 자료에 의지해서 이런 이론적 패러다임을 뒷받침하려 한다. 첫 번째 자료 출처는 언데드의 공격과 흡사한 전 세계적 유행병·재난·생화학 테러 같은 사건을 연구한 사회과학 문헌이다. 재앙을 가져온 사건에 지난날 어떻게 대응했는가를 살펴보면 국가적 행위자와 비국가적 행위자가 다시 살아난 굶주린 시체라는 존재에 어떻게 대응할지 예측해볼 수 있다.

두 번째 자료 출처는 대중문화에 등장하는 허구적 좀비 이야기다. 최근 수년간 정책 입안자는 '차원이 다른' 위협 시나리오와 결과에 대한 통찰을 얻기 위해 허구적 이야기를 창조한 작가에게 의존해왔다.[27] 마찬가지로 국제관계학 학자도 표준 통계분석과 비교 사례연구를 넘어서 새로운 방식으로 실증적 분석에 돌입했다. 이들 학자는 그간 자기 이론을 검증하기 위해 시뮬레이션과 행위자 기반 모형agent-based modeling을 이용해왔다.[28] 최근 몇 년간에는 이론 구축을 위한 자료 출처로 허구적 이야기, 특히 호러와 SF를 이용하는 경우가 흔해졌다.[29]

이런 접근법에는 틀림없이 처음부터 인지해야 할 위험 요소가 일부 있다. 첫째, 영화와 소설에 나오는 이야기는 부정확해서 우리가 하는 분석을 한쪽으로 치우치게 할지도 모른다.[30] 아마도 사람들은 조지 로메로나 맥스 브룩스가 했던 가정과는 다른 방식으로 현실에서 일어나는 살아 있는 시체들의 밤에 대처할 것이다. 이런 가능성을 감안하긴 하겠지만, 이제부터 살펴볼 좀비 정전에는 겉으로 드러나지 않지만 다양한 종류의 이야기가 존재한다. 전통적인 구울 이야기에는 주요 국제관계 패러다임 각각을 조명해보는 데 충분할 만큼 많은 변종이 등장한다.*

둘째, 국제관계학 분야를 설명하기 위해 패러다임적 접근법을 취하는 데는 몇 가지 문제점이 있다. 어떤 사람은 패러다임적 논의가 오히려 사태를 훨씬 더 악화시킨다고 주장할지 모른다. 이들 접근법이 보인 예측력은 실망스러운 수준이었다.[31] 다른 학자는 이런 다양한 접근법을 '패러다임'이라 부름으로써 원래는 부족한 일관성과 완성도가 갑자기 생긴 것처럼 보이게 만든다고 단정한다.[32] 곧 보겠지만, 한 패러다임 내에 있는 일부 개념이 다른 패러다임에 스며들기도 한다. 그렇게 된 데는 그 접근법이 비슷한 행위자와 절차에 의존하고 있기 때문이다.

그럼에도 불구하고 이들 패러다임은 여러 국제관계 이론가가 세계정치에서 중요하다고 믿는 것을 이해하기 쉽게 설명하는 데 도움이 된다. 연구자가 인정하든 안 하든, 모든 논리적인 국제관계학 연구는 일정한 패러다임적 가정에서부터 출발한다. 이론적인 언데드의 습격을 상정하면 이런 다양한 접근법이 어떻게 서로 다르게 예측하는지 한층 더 명확하게 설명할 수 있다. 그러나 내부적으로 일어나는 이론적 논쟁을 일부 생략한 결과, 내가 이런 패러다임에 개념적으로 어떤 폭력을 가하고 있다는 점은 전적으로 인정한다. 그러나 공평하게 말해서 언데드 쪽이 이보다 훨씬 더 나쁜 짓을 하지 않을까 싶다.

* 좀비 팬덤을 괴롭히고 있는 무수한 논쟁을 비껴가려고 나는 주된 실증적 초점을 좀비 정전 중 주요 작품에 맞추려고 한다. 즉 조지 로메로가 만든 영화, 맥스 브룩스가 쓴 소설, 지난 10년간 나온 가장 인기 있는 작품에 말이다.

따라서 여러 국제관계학 이론이 내놓는 다채로운 예측을 살펴보기 전에 몇 가지 정의와 장애물을 처리해야만 한다.

DEFININ
A ZOMB

02

좀비란 무엇인가

좀비에 대한 정의는 의식이 없는 인간이라는 철학적 정의부터, 땅에 묻혔다가 주술사에 의해 다시 살아난 사람이라는 인류학적 정의까지 다양하다. 좀비 연구학회와 마찬가지로 나는 좀비를 생물학적으로 설명할 수 있는, 인간 숙주를 점거하고 있는, 인육을 먹고 싶다는 욕구를 가진 생명체로 취급하기로 결정했다.[1] 이런 정의는 서아프리카와 아이티 부두교 의식에서 쓰는 '좀비'라는 단어의 어원과는 일치하지 않는다. 그런 데서 말하는 되살아난 시체는 어떤 측면에서도 초국가적 안보 위협에 해당하지 않는다. 사실 이런 '전통적인' 좀비는 보통 가장 유순한 노동자로 그려진다. 좀비 정전 중 현대에 나온 작품은 모두 조지 로메로 감독이 만든 〈살아 있는 시체들의 밤 Night of the Living Dead〉1968에 처음 등장했던 것과 같은 구울에 뿌리를 두고 있다. 이들은 국경을 넘어 국가와 문명을 위협할 수 있기 때문에, 국제정치학 학자와 정책 입안자의 우려를 증가시키는 좀비는 이런 식인 구울이다.

국가 안보라는 관점에서 볼 때 좀비와 관련된 적절한 세 가지 추정은 다음과 같다.

1. 좀비는 인육을 원한다. 따라서 좀비는 다른 좀비를 잡아먹지는 않을 것이다.
2. 뇌를 파괴하지 않으면 좀비를 죽일 수 없다.
3. 좀비에게 물린 인간은 누구든 반드시 좀비가 된다.

현대 좀비 이야기는 모두 이 세 가지 규칙을 준수한다. 이들 기준은 좀비 정전의 토대가 된 일부 원서사ur-narrative를 무시하고 있다. 예를 들어, 리처드 매드슨Richard Matheson이 1954년에 내놓은 소설 《나는 전설이다I am Legend》나 돈 시겔Don Siegel이 감독한 1956년 영화 〈신체강탈자의 침입Invasion of the body Snatchers〉 등을 말이다.[2] 그렇긴 하지만 앞서 말한 규칙을 만족시키는 좀비라면 모두 국제관계에 뚜렷한 영향을 미칠 것이다. 하지만 결국에는 국제관계의 성격이 식인 구울의 공격에 대한 국제적 대응에 영향을 미칠 것이다.

DISTRAC
DEBATE
ABOUT
FLESH-E
GHOULS

03

식인
구울에 대한
분분한
논쟁

좀비 정전 전반에서 좀비가 가진 능력은 큰 차이를 보인다. 그래서 좀비 연구학계에서는 이런 차이를 두고 격렬하게 논쟁한다.[1] 좀비 문헌 대부분에서 좀비는 말을 할 줄 모르는 데다, 그들이 인간이었을 때 가졌던 정체성 중 어떤 속성도 유지하고 있지 않다. 그러나 댄 오배넌Dan O'Bannon 감독이 만든 〈바탈리언Return of the Living Dead〉1985과 로버트 로드리게즈 감독이 만든 〈플래닛 테러Planet Terror〉2007처럼 영화와 소설 모두에서 눈에 띄는 예외도 나타난다.[2] 이들 이야기 대부분에서는 인간만이 좀비로 변할 수 있다.

그러나 〈레지던트 이블〉 프랜차이즈에서는 개와 새도 감염될 수 있다. 살아 있는 언데드는 대개 성별 차이는 없다고 가정한다. 그러나 최근의 영화는 더러 예외를 보이기도 한다.* 좀비가 인육을 먹고 싶어 하는 것 외에 다른 욕구를 가졌는지는 불분명하다. 대부분의 이야기는 이런 문제에 대해서는 언급하지 않는다. 그러나 1980년대에 이탈리아에서 나온 좀비 영화는 피터 잭슨 감독이 만든 〈데드 얼라이브Dead Alive〉1992에서와 마찬가지로, 구울이 다른 구울을 잡아먹고 싶어한다고 암시한다. 좀비가 썩어 없어지기 전까지 얼마나 오래 살아 있을 수 있는지에 대해서는 합의된 게 없지만, 대부분의 작품에서 인간이 좀비가 되기 전에 일단 죽어야 한다고 가정하는 건 틀림없다. 그러나 학자 대부분은 대니 보일 감독이 만든 〈28일 후28 Days Later〉2002와 후안 카를로스 프레스나디요가 만든 〈28주 후28 Weeks Later〉2007도 좀비 정전에 포함시킨다. 이들 영화에 나오는 '분노 바이러스'는 감염된 사람을 반드시 죽음에 이르게 하진 않는다. 단지 30초도 안 돼 눈에 핏발이 선, 피에 굶주린

* 제이크 웨스트Jake West 감독이 만든 〈도그하우스Doghouse〉 2009에서 사람을 좀비로 변하게 하는 독소는 여성에게만 영향을 미친다. 제이 리Jay Lee 감독이 만든 〈좀비 스트리퍼Zombie Strippers〉2008에 나오는 바이러스는 남성은 평범한 구울로 바꿔놓지만, 여성은 니체 철학과 스트리퍼가 추는 복잡한 봉 춤 모두에서 이해력을 증진시킨다는 흥미로운 전제를 제시한다.

미치광이로 변하게 할 뿐이다.

좀비 문헌의 현재를 살펴보면 좀비의 기원과 능력에 대해 두 가지 의견이 첨예하게 대립하고 있다. 이는 사회과학자인 우리에게 그것이 좀비의 기원이든 속도든, 좀비 특유의 변수가 국제관계에 극적인 영향을 미칠지 아닐지를 규명하는 데 탁월한 수단이 된다. 이들 변수의 차이에도 불구하고 똑같은 결과가 계속해서 나온다면 그것은 인과적 요소로서 중요하지 않다는 것이다.

좀비 이야기 중에서 가장 큰 차이를 보이는 건 기원설이다. 왜 죽은 자가 다시 살아나 산 자를 잡아먹는 것일까? 그 이유는 외계인부터 기술과 미생물과 초자연적인 것까지 다양하다. 조지 로메로가 만든 〈살아 있는 시체들의 밤〉에서는 지구로 귀환한 우주탐사선이 그때까지 알려지지 않은 종류의 방사능으로 지구를 오염시켰다는 설을 제시한다. 기술 역시 살아 있는 시체를 만들어낸 원인일 수 있다. 스티븐 킹은 《셀Cell》에서 전산화된 '펄스pulse'라는 일종의 전파를 이용했다.[3] 〈레지던트 이블〉 프랜차이즈에서 엄브렐라 기업은 유전자 조작으로 'T-바이러스'를 만들어냈다. 맥스 브룩스는 좀비가 발생한 원인이 솔라눔 바이러스Solanum virus라고 말했다. 2006년에 그가 쓴 소설 《세계대전Z

World War Z》2006에서는 솔라눔 바이러스가 중국 산샤 댐 유수지 밑바닥에서 나왔다고 했다.[4] Z. A. 레흐트Z. A. Recht가 쓴 소설 《죽은 자의 저주Plague of the dead》2006에서 바이러스의 기원은 중앙아프리카다.[5] 피터 잭슨 감독이 만든 〈데드 얼라이브Dead Alive〉2002에서 수마트라 '악마 원숭이rat monkey'에게 물린 사람이 첫 번째 언데드가 된다. 루벤 플라이셔Ruben Fleischer가 연출한 〈좀비랜드Zombieland〉2009에서는 이렇게 간단히 설명한다. "미친 암소가 미친 사람이 되었고, 미친 사람이 미친 좀비가 되었다."

초자연적 원인도 좀비 문헌에 등장한다. 브라이언 키니Brian Keene가 쓴 좀비 소설에서는 악마에 빙의되어 좀비가 된다. 로메로가 만든 〈새벽의 저주Down of the Dead〉1978는

* 로메로의 설명이 나머지 좀비 문헌과는 정반대 노선을 취한다는 데 주목해보면 재미있다. 대개 이 장르는 바이러스, 프리온, 독소를 포함한 과학적 설명과 의사疑似 과학적인 설명을 지향했다. 그러나 로메로는 자기 영화, 〈살아 있는 시체들의 밤〉에서 방사능을 배경으로 삼았던 데서 더욱더 초자연적 설명 쪽으로 움직였다. 〈시체들의 낮Day of the Dead〉1985 후반부에서 존이라는 배역은 과학적 설명에 코웃음을 치면서 요컨대 이런 결론을 내린다. "우리는 조물주에게 벌을 받았다. 그분이 저주를 내리신 덕분에 우리는 지옥이 어떤 곳인지를 맛볼 수 있을지 모른다."

좀비 정전 중에서 가장 상징적인 설명을 한다. "지옥에 더 이상 자리가 없을 때 죽은 자가 다시 살아날 것이다."*

마이클 잭슨의 경우, 죽은 자는 가장 모호한 이유에서 가장 행렬을 벌인다. 즉 〈스릴러Thriller〉의 마성 때문에 말이다.

분명 무엇 때문에 시체가 다시 살아나 기계적으로 사람을 잡아먹는 로봇 같은 존재로 변하는지에 대해서는 합의된 바가 없다. 이런 의견 충돌은 재미있긴 해도, 우리의 우려에서 보면 무의미하다. 대외 정책이나 국가 안보의 측면에서 좀비가 되는 이유에 관심을 가지는 주된 원인은 좀비로 들끓는 관할구역을 처리할 예방책과 정책을 결정하기 위해서다. 그러나 테러 방지와 국토 안보 정책이 암시하듯이, 예방에 막대한 투자를 하더라도 실패 없는 100퍼센트 확실한 조치는 될 수 없다. 왜냐하면 언데드 군단을 만들어 내는 데 필요한 좀비는 딱 한 명이면 충분하기 때문이다.

유감스럽게도 인과적 메커니즘causal mechanisms이 그처럼 다양하기 때문에 예방은 거의 가망이 없고, 또한 엄두가 나지 않을 만큼 많은 비용이 들어간다.[6] 진정한 선제 정책에는 종합적이고 매우 엄격한 일련의 정책이 필요할 것이다. 어떤 정부라도 모든 관련 연구를 생물학·핵무기·컴퓨터 기술에 투입하고, 언데드를 선동할 수도 있는 모든 종교적 개입을 감시하고 방지하는 '동시에', 스릴러의 마성을 물리칠 의도와 능력을 모두 갖추고 있을 것 같지는 않다. 아무리 강대국이라 할지라도, 죽은 자를 되살아나게 하는 원인의 모든 가능한 메커니즘을 차단할 수 있는 선견지명과 역량은 부족할 것이다.

이는 이들 기원설 대부분에서 좀비가 의도적이라기보다는 우연히 발생한다는 걸 감안해볼 때 더욱 그렇다. 예방책이 복잡할수록 살아 있는 시체가 인류를 휩쓸어버릴 가능성을 '증가시킬' 수 있다. '정상 사고normal accident, 복잡하고 통제 불가능한, 복잡한 기술의 상호작용으로 발생하는 예측 불가능한 사고-역주'가 일어날 개연성이 높아지기 때문이다.[7] 예를 들어, 바이오테러의 대응책을 개발하려던 미국의 노력이 실제로는 맹독성 물질 비축량을 늘렸고, 따라서 외부 세계에 의도치 않게 생물 독소를 유출하는 사고가 일어날 가능성도 자연스럽게 늘어났다.[8] 그러나 바이오테러의 경우에 적어도 연방 정부는 예방 조치가 정당하다는 걸 입증하기 위해 앞서 있었던 공격을 언급할 수도 있다. 정당화를 가능케 하는 좀비 습격의 역사가 이전에 없었다면 어떤 정부도 대규모 예방 정책을 합리화하는 데 필요한 비용편익분석어떤 안을 실현하는 데 필요한 비용과 그로 인해 얻어지는 편익을 평가, 대비함으로써 그 안의 채택 여부를 결정하는 방법-역주을 내놓을 수 없을 것이다.

국제관계학에서는 좀비가 세계정치에 미치는 '영향'에 비해 좀비가 태어난 '원인'에 대한 관심은 덜하다. 사회과학 용어를 빌자면, 식인 구울은 '독립변수'다. 밝혀진 대로 좀비 이야기를 만들어낸 사람들은 대체로 이런 입장을 공유한다. 이들 이야기는 보통 어떻게 '최초의 좀비Zombie Zero'가 탄생했는지에 대해서는 건성으로 설명하고 넘어가 버릴 때가 많다. 예를 들어, 〈살아 있는 시체들의 밤〉에서 로메로는 영화 배급업자에게 압력을 받자 형식적인 설명만 덧붙였다.[9] 많은 논평가가 그 원인에 대해서 관심이 부족한 이유를 정확히 진단한 바 있다. 이들 이야기는 배경이 언제나 좀비가 발생한 이후로, 문명이 존립 위기에 처해 있을 때이기 때문이다.[10] 국제관계학 연구자가 그렇듯이, 좀비 이야기를 만들어낸 사람도 살아 있는 시체가 인간 집단에게 어떤 영향을 미치는지에 더 흥미를 갖는다. 좀비가 어떻게 탄생하는지에 대해 합의된 게 없다는 건 난처한 일일 수도 있다. 그러나 우리가 달성하려는 목표에는 문제될 것이 없다.

훨씬 더 격렬하게 벌어지고 있는 정책 관련 논쟁은 좀비가 얼마나 빨리 움직일 수 있는지와 관련이 있다.[11] 로메로가 만든 〈살아 있는 시체들의 밤〉부터 브룩스가 쓴 《세계대전Z》에 이르기까지, 살아 있는 시체는 걷거나, 발을 질질 끌거나, 갈지자걸음을 하거나, 느릿느릿 걷거나, 휘청대며 걷거나 하지 절대 뛰지는 않는다. 좀비의 공격에서 살아남는 법을 알려주는 최근에 나온 매뉴얼은 이 점을 강조한다.[12] 브룩스는 특히 단호하게 이렇게 주장한다.

> 좀비는 뛰는 게 불가능한 것 같다. 관찰에 따르면 가장 빠른 좀비라 해도 1.5초당 겨우 한 걸음이라는 속도로 이동했다. … 살아 있는 보통의 인간은 가장 강한 구울보다도 90퍼센트나 더 민첩하다."[13]

그러나 〈28일 후〉부터 '빠르게 움직이는 좀비'라는 개념이 좀비 정전에 깊숙이 침투하기 시작했다. 잭 스나이더 감독이 2004년에 리메이크한 〈새벽의 저주〉에서 좀비는 빠른 속도로 전력 질주한다. 〈좀비랜드〉에서 언데드는 유산소 운동이 부족한 미국인보다 더 빨리 움직일 수 있어서 확산된다. 토미 위르콜라Tommy Wirkola 감독이 만든 영화 〈데드 스노우Dead Snow〉2009에 나오는 얼어 죽은 나치 좀비는 눈 덮인 험준한 지형을 빠른 속도로 넘나든다. 이렇게 속도가 필수적인 게 되자 로메로는 〈시체들의 일기Diary of the Dead〉에서 날쌘 좀비라는 개념에 반론을 펴기에 이르렀다. 영화 초반에 주인공은 일찌감치 이런 설명을 한다. "죽은 것은 빨리 움직이지 않아요. … 그렇게 빨리 뛰다가는 발목이 뚝 분질러지고 말거요."

이런 논쟁이 좀비 연구학계에 활기를 가져온 것만큼은 틀림없다. 하지만 이번에도 이런 논쟁은 국제관계학과 관련된 질문과는 대체로 무관하다. 식인 구울이 느리게 움직이든 빠르게 움직이든 상관없이 언데드는 국가에 관계없이 국경을 넘어 대량으로 발생할 가능성이 지극히 높기 때문이다. 좀비가 빠른 속도로 움직여서 인간을 감염시킬 수 있다면 한 국가나 한 지역을 벗어나는 확산을 막는 것은 사실상 불가능할 것이다.[14] 그러나 좀비가 느리게 움직인다 하더라도 한 국가 안에만 머물 가능성은 없다. 느리게 움직이는 좀비가 발생한다면 정책적 대응도 똑같이 느리게 이뤄질 것이다. 더구나 〈관료정치, 좀비 '밀고 당기기'〉 장에서 보겠지만 초기 대응은 오류로 점철될 가능성이 있다.

더욱이 좀비 정전을 어떤 식으로든 지침서로 삼아본다면, 느리게 움직이는 좀비는 더 느린 잠복기와 분명한 상관관계가 있다. 〈28일 후〉에서 감염된 사람들은 빠른 좀비다. 이들은 분노 바이러스에 노출되고 30초도 안 돼 변한다. 로메로가 만든 영화나 브룩스가 쓴 《세계대전Z》에 나오는 좀비는 느리게 움직인다. 그래서인지 그들은 물리고 나서 살아 있는 시체의 일원이 되기까지 몇 시간이나 며칠이 걸린다. 좀비화가 미치는 영향은 전염이 이뤄지는 속도에 상응한다. 빠르게 효과를 발휘하는 바이러스는 빠르게 움직이는 좀비를 만들어내고, 느리게 효과를 발휘하는 바이러스는 '전통적인' 좀비를 만들어낸다.

인간이 죽어서 식인 구울로 변하는 시간이 오래 걸릴수록 아직 인간일 때에 처음 감염된 곳에서 그만큼 멀리까지 이동할 수 있다. 오늘날의 교통 인프라 덕분에 감염자는 주요 인구 밀집 지역에서 또 다른 주요 인구 밀집 지역까지 스물네 시간 내에 도달할 수 있다. 그러므로 시체 한 구만 다시 살아나도 전 세계로 좀비가 뻗어나가는 게 가능하다. 더구나 좀비 전염병이 무는 행위나 다른 체액 교환으로만 확산된다 하더라도 감염률은 100퍼센트다. 천연두나 독감 같은 강력한 질병 매개체도 그보다는 감염률이 훨씬 낮다.[15] 좀비 전염력은 너무 강력해서, 전 세계적 확산은 거의 불 보듯 뻔하다.

빠른 좀비 대 느린 좀비 논쟁이 다른 정책 범주에서는 꽹

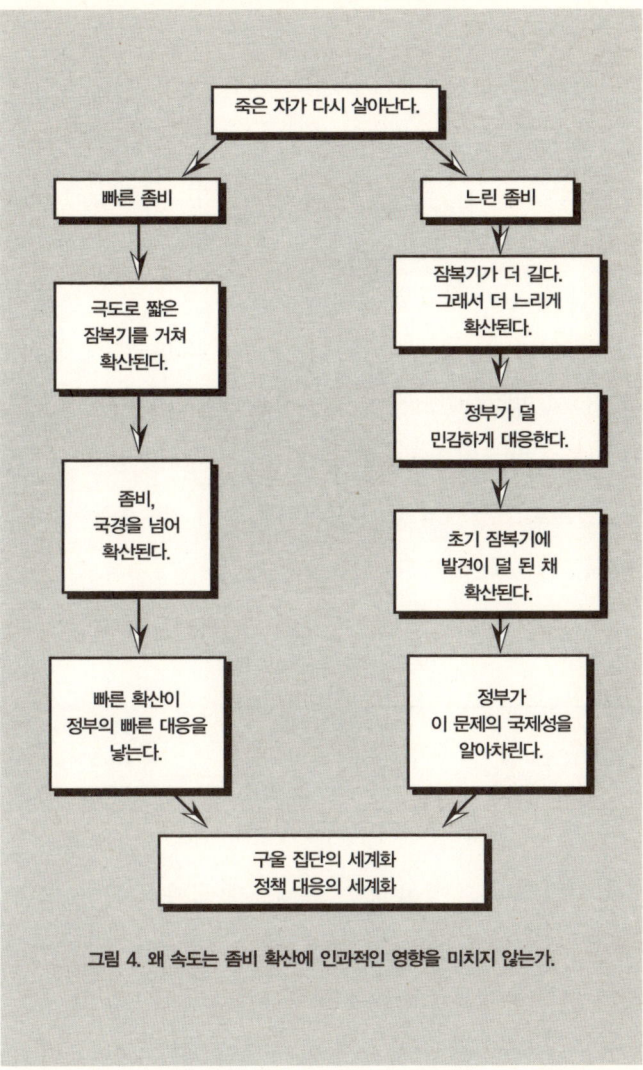

그림 4. 왜 속도는 좀비 확산에 인과적인 영향을 미치지 않는가.

장히 중요하다는 것만큼은 강조해야겠다. 빠른 좀비 발생에 대처하는 데 필요한 군사 전술, 피난 계획, 난민 정책, 국토 안보 조치는 느린 좀비의 경우와는 아주 다른 형태일 테니 말이다. 하지만 이 책에서 관심을 두는 건 국제적 대응 방안이다. 그림 4가 보여주듯이, 빠른 좀비와 느린 좀비가 일으킬 수 있는 상황은 같은 결과를 낳는다. 즉 구울 집단의 세계화다. 둘 중 어느 종류에 속하는 좀비라도 국제관계에 문제를 낳기 때문에, 국제적 정책 대응의 결정적 요인으로서 속도가 가진 '인과적' 중요성은 무시하고 넘어가도 좋다. 실제로 표 1에서 보여지듯이, 좀비의 기원이든 좀비의 속도든 인과적으로 그리 중요하지 않다.

표 1
모든 정치학 연구에서 필요

	빠른 좀비	느린 좀비
초자연적 기원	국제적 안보 문제	국제적 안보 문제
과학적 기원	국제적 안보 문제	국제적 안보 문제

우리의 분석은 살아 있는 시체가 초국가적 현상이라는 데서 출발한다. 시체는 전 세계적으로 되살아나거나, 한곳에서 처음 발생해서 밖으로 퍼져나간다. 어느 쪽이건 이는 모든 나라가 외교 및 국내 안보 정책을 만들 때 반드시 고

려해야만 하는 위협이다.

  따라서 우리는 이런 핵심적 질문에 도달한다. 국제관계학 이론은 좀비가 지구상에 출현하기 시작하면 어떤 일이 벌어질 거라고 예측하는가?

THE REALPO
OF THE
DEAD

LITIK
IVING

04

살아 있는
시체들의
현실정치

현실주의는 종류가 다양하다.[1] 그러나 모든 현실주의자는 무정부 상태가 세계정치에 중대한 제약이 되는 요소라는 일반적 가정에서 출발한다. 무정부 상태는 혼돈 상태나 무질서한 상태가 아니고 적법한 중앙 권위체가 없다는 뜻이다. 열렬한 범세계주의자나 음모론자가 뭐라고 믿든 간에 세계정부 같은 건 없다. 세계정치에서 무력행사 독점권은 없기 때문에 모든 행위자는 자신의 생존을 확보하기 위해 '자구自救' 대책을 수립해야 한다. 현실주의자에게 주요 행위자는 스스로의 생존을 보장할 수 있는 존재, 즉 국가다. 최고의 힘은 무력이기 때문에 주요 행위자는 가장 큰 무력행사 능력을 가진 존재다. 즉 이는 엄청난 규모의 병력을 보유한 국가를 말한다.

현실주의자 대부분은 무정부 상태와 자구책에 대한 필요성이 결합해서, 국제정세에서 빈번히 지속적으로 나타나는 패턴을 낳는다고 주장한다. 무정부 상태의 세계에서 단 하나 중요하게 통용되는 요소가 힘이다. 즉 이는 다른 사람에게 영향을 미칠 수 있는 한편, 압박이나 강압을 막아낼 수 있는 물리적 역량을 말한다. 한 국가가 점점 더 큰 힘을 축적할수록 다른 국가에게는 거기에 맞춰 균형을 이뤄야 할 동기가 생긴다. 해당 국가가 독점적 지배를 하지 못하도록 말이다.[2] 무정부적인 국제체제는 국가가 서로를 완벽하게 신뢰하지 못하도록 만들기 때문에 어쩔 수 없이 모든 나라는 오로지 자국의 이익만 좇아서 움직일 수밖에 없다.

모든 나라가 자국의 자원과 역량에만 기댈 수밖에 없으므로 현실주의자는 세계정치를 관리할 국제기구의 능력에 매우 회의적이다. 국가는 또 다른 행위자와 협력을 고려할 때 이익 분배를 따져볼 것이다. 케네스 왈츠Kenneth Waltz 같은 현실주의자가 하는 질문은, '우리 둘 다 이득을 얻게 될 것인가'가 아니라, '어느 쪽이 더 많은 이익을 보게 될 것인가'다.[3] 세력 균형이 유지되는 연합체 형태의 협력 관계는 일시적이며 불안정하다. 좀비가 언제나 반드시 인육을 간절히 원하듯이, 현실정치realpolitik상의 국가는 언제나 더 우세한 힘을 갖기를 간절히 원할 것이다. 상대적 이득이라는 문제가 최우선 관심사가 되면 협력은 덧없이 사라져버리고 만다.[4]

무정부 상태는 국가가 취하는 조치에 굉장히 강력한 제약을 가하기 때문에 현실주의자는 다른 나라의 내정內政에는 그다지 관심이 없다. 한 국가의 정부 형태가 민주적이든 독재적이든 혁명적이든, 외교정책 노선에 미치는 영향은 미미할 뿐이다. 무정부 체제는 굉장히 강력해서, 결국에는 모든 국가가 거의 비슷한 정책을 선호하도록 강제한다. 이는 안보 극대화를 말하는데 이것이 꼭 전력을 극대화한다는 의미는 아니다. 안보 딜레마 security dilemma라 불리는 상황을 유발하는 너무 강력한 위험을 가진 국가들, 즉 지나치게 힘이 커진 국가 때문에 그 밖의 국가는 균형을 유지하기 위해 이들 신흥 세력에 맞서 연합 세력을 구축하려고 한다.[5] 전력 극대화가 옳다고 믿는 학자조차도 '물이 가진 억지력 stopping power of water, 미어샤이머가 주창한 개념으로, 국가와 국가가 수역水域으로 갈라져 있는 지역에 대해서는, 여러 가지 어려움이 수반되기 때문에 서로가 영토 쟁탈을 위한 공격에 나서지 않는다는 이론-역주'이 어떤 국가든 국제적인 과잉 행동을 하지 않게 해줄 거라고 본다.[6] 현실주의자는 국가가 국내적 이해관계 때문에 이런 예측에서 벗어날 때가 가끔씩 있다는 걸 인정한다.[7] 그러나 이런 일이 일어나면 엄격한 상호 견제 시스템 때문에 행위자는 행동을 수정하지 않을 수 없을 것이다. 그러지 않았다가는 썩어가는 시체보다 그들이 더 빨리 가루가 되어 사라져버릴 것이기 때문이다.[8]

현실주의자는 국제적 힘의 분배에 마치 레이저 광선처럼 예리하게 초점을 맞춘다. 어떤 국가가 겪는 흥망성쇠는 국제정치에서 발생하는 결과에 해당 국가가 미치는 영향력에 상응한다. 현실주의자 대부분은 세력 균형의 정치가 자연스러운 조절 메커니즘 역할을 한다고 가정한다. 그러나 세력 전이론자세력 전이론power transition theory은 세력 균형론에 반대하여, 다수 국가 간에 상대적으로 국력이 증가하는 속도가 달라지면서 힘의 균형이 역전되어 나타나는 역동적인 국제관계 변화를 설명하는 이론-역주는 가장 강력한 국가, 즉 국제정치에서 패권국과 패권에 도전하는 잠재적 도전자 간의 관계에 관심을 가진다. 만약 패권국의 지위를 신흥 세력이 대체하게 되면 열강 간에 전쟁이 벌어질 가능성이 급격히 증가한다.[9] 이런 상황이 고대 그리스에서부터 스파르타와 아테네를 거쳐, 1차 세계대전 이전 영국과 독일에 이르러 일어났을 때, 세계는 불확실성으로 가득해졌다. 그때 세력 전이power transition의 계기로 작용한 것은 열강 간의 전쟁이었다. 신흥 세력이 수정주의적 목표를 갖고 있다는 것, 다시 말해 세계질서의 규칙을 새롭게 쓰고 싶다는 신호를 보내면 물리적 충돌은 피할 수 없을 것이다.

여기에서 짐작할 수 있을지 모르겠지만, 현실주의는 세계를 상당히 디스토피아적이고 비뚤어진 시선으로 바라본다. 다시 말해, 현실주의는 좀비 세상이 완벽하도록 익숙하다. 조지 로메로가 만든 영화에 나오는 좀비 세상은 더욱 그렇다. 오리지널 〈살아 있는 시체들의 밤〉에서는 일곱 사람이 식인 구울에게 에워싸인 농가에 갇힌다. 좀비가 흔히 가하게 마련인 외부적 위협에 직면해서도 집 안에 있는 사람들은 좀처럼 협력할 줄 모른다. 친족 관계는 별 의미가 없다. 금방 두 개의 자주 독립체가 지하실과 1층에서 생겨나, 각각 해리와 벤이라는 사람의 통솔을 받는다.* 식량, 정보에 대한 접근, 총기 등 자원을 배분하는 문제로 격렬한 다툼이 벌어진다. 공익을 위한, 즉 탈출과 구조를 위해 이루어졌던 임시 협정은 권력 분배에 변화가 생기자 금방 깨지고 만다.

* 실제로 벤은 해리에게 이렇게 말한다. "여기 계속 있고 싶으면 '내'가 하라는 대로 해!"

로메로가 만든 〈새벽의 저주〉에서도 비슷한 역학이 작용한다. 이번에는 생존자가 쇼핑몰을 요새로 삼아 숨는다. 보유한 자원이 풍부한 데도 불구하고, 주인공은 전력을 다해 다른 인간이 쇼핑몰에 들어오지 못하게 막으려 한다.*
폭주족이 방어선을 무너뜨리자 그들은 연결 구간을 열어서 좀비를 들여보내는 방법으로 대응한다. 폭주족이 좀비에게 정신이 팔리게 만들려고 말이다. 로메로가 만든 〈시체들의 낮〉에서도 협력 관계는 깨진다. 실제로 사라라는 등장인물은 영화 앞부분에서 이렇게 불평한다. "우리는 가려는 방향이 각기 달라." 사람들이 되살아난 시체와 맞닥뜨린 상황에서 협력에 실패하는 건 좀비 정전에서 공통적으로 등장하는 주제다. 국제적 협력이 수포로 돌아가는 일이 현실주의적 역사 해석 도처에서 되풀이되듯이 말이다.

식인 구울의 등장이 세계정치에 어떤 영향을 미칠까? 현실주의자가 내놓는 답은 놀랄 만큼 간단하다. 즉 국제관계는 대체로 영향을 받지 않는다. 현실주의 패러다임에서는

---

*폭주족이 쇼핑몰에 난입해서 날뛰자 스티븐은 이렇게 중얼거린다. "우리 거야. 우리가 접수했어. 우리 거야." 그런 다음 그는 폭주족에게 총을 갈기기 시작한다.

인간이 처한 환경에 새롭게 등장한 실존적 위협이 인간 행동에 어떤 식으로든 근본적 변화를 가져온다는 주장을 탐탁지 않아 할 것이다. 그들에게 언데드라는 역병은 그보다 이전에 발생했던 역병과 재난이 반복된 것일 뿐이다. 질병은 14세기에 일어난 흑사병부터 1918~1919년에 발생한 유행성 독감에 이르기까지, 세계정치에 영향을 미쳤다. 이들 전염병은 대부분 당시의 권력 관계를 구체화시킬 뿐이었다. 보다 역동적이고 강력한 집단일수록 질병에 더 강한 면역력을 갖게 된 덕분에, 세계적 유행병이 창궐하는 시기에 상대적으로 훨씬 더 큰 권력을 확보했다는 말이다.[10]

마찬가지로, 오늘날의 연구에 따르면 부유하고 강력한 사회일수록 약하고 가난한 국가보다 자연재해를 잘 극복해 나갈 수 있다.[11] 현실주의자는 좀비 전염병이 영향력이라는 측면에서 그런 것과 크게 다르다고 추정할 만한 아무런 이유가 없다고 본다. 투키디데스가 한 말을 바꿔 말하자면, 좀비에 대한 현실정치에서 강대국은 자기네가 할 수 있는 모든 걸 할 테지만 약소국 국민은 되살아난 굶주린 시체에게 잡아먹히는 괴로움을 겪어야만 한다는 것이다.

물론 현실주의자라도 죽은 자의 부활이 전 세계 권력 분배에 '어떤' 변화를 가져올 거라는 점은 인정할 것이다. 어떤 국가는 다른 국가보다 좀비를 물리치기에 더 나은 위치에 있을 수 있다. 더 나은 안보 및 정보 통신 인프라를 갖춘 국가는 국내에서 어떤 좀비 폭동이 일어나더라도 이를 진압하고 국내 질서를 복구하거나, 국경을 넘어 좀비가 침입하는 사태를 확실히 막을 수 있다.

 인구밀도가 낮은 국가는 언데드라는 존재에 적응할 시간이 더 많을 것이다. 지리적 고립 상태가 좀비 공격으로부터 지켜준다는 보장은 없다. 로메로 감독이 〈시체들의 땅Land of the Dead〉 2005에서 증명했고, 맥스 브룩스는 《세계대전Z》에서 보여준 것은 바로 언데드는 물이 억지력을 갖지 못한다는 점이다. 왜냐하면 언데드는 숨을 쉴 필요가 없기 때문이다. 그럼에도 불구하고 지리적 조건은 여전히 중요하다.

 어떤 지형지물은 외부 공격이 있을 때 공수 균형offense-defense balance에 변화를 가져온다. 예를 들어 해안 지대나 산악 지대 등의 특정 지형에서는 방어가 공격보다 더 쉽다.[12] 현실주의자는 산악 지대에 국경이 있는 나라가 외국에서 몰려 들어오는 식인 구울을 저지할 가능성이 더 높다고 예측할 것이다. 그렇지 않은 일부 국가는 보나마나 살아 있는 시체에게 철저히 짓밟힐 것이다.

 그렇다고 세계정치의 '성격'이 바뀔까? 꼭 그렇지는 않다. 좀비를 물리치는 데 필요한 최적의 전술과 전략은 국제 시스템 전반에 빠르게 퍼져나갈 것이다. 그런 계획이 윤리적이나 도덕적으로 미치는 영향과 상관없이 말이다. 예를 들어 《세계대전Z》에서 전 세계에 보급된 국가 안보 전략은 아파르트헤이트인종차별 정책-역주를 펴던 남아프리카 정부가 상정한 흑인 국민의 총봉기라는 최악의 시나리오에서 기원한다.[13] 이런 전략에서는 일부 인구 밀집 지역을 고의로 희생시키는 게 필요하다. 희생자가 대규모로 발생함에도 불구하고 직면한 상황이 워낙 급박한지라 전 세계는 이 전략을 신속히 채택한다.

현실주의자는 힘의 정치가 균형을 가져올 거라 예측하기도 한다. 그렇다면 언데드에 대한 공포에서 모든 구울에 맞선 균형 잡힌 연합체가 탄생하지 않을까? 그럴 가능성을 배제할 수는 없다. 특히 세력 전이론자로서는 말이다. 예를 들어, 좀비가 중앙 유라시아에 출현한 경우, 빠르게 퍼져나갈 수 있는 이들의 능력을 감안해, 좀비 떼가 유라시아 대륙 전역에 확산되지 못하게 하기 위한 방편으로 자연스럽게 균형 잡힌 연합체가 탄생할 수도 있다. 구울이 여러 국가를 연이어 침략해서 새로운 구울을 충분히 생성할 수 있다면 세력 전이power transition가 발생할 수도 있다. 좀비는 빠르게 부상하는 세력으로 보일 것이다. 그렇다면 그들이 보이는 인육에 대한 선호가 급진적인 수정주의자가 가진 전쟁 목적을 상징함을 부정할 사람은 없을 거다. 이때는 언데드가 영토 확장을 하지 못하게 막는 수단으로 봉쇄 전략이 제시될 게 틀림없다.[14]

그러나 현실주의자 대부분은 국제적인 '반좀비 동맹'이 얼마나 견고할 수 있을지에 대해서는 매우 회의적 관점을 드러낼 것이다. 회의적 관점을 가지는 이유는 첫째, '책임 전가buckpassing'라는 결과가 균일하게 나타날 것이기 때문이다.[15] 책임 전가의 상황에서는 국가가 좀비 떼에 적극적으로 맞서는 것을 자제할 것이기 때문이다. 다른 나라가 이를 대신해 더러운 일을 도맡아줄 것이라는 기대 때문에 그렇다. 따라서 어떤 강대국이 반좀비 연합을 구축하려고 애쓰더라도 다른 정부가 이에 보이는 헌신은 단지 허울뿐일지도 모른다.

둘째, 이에 동참한 약소국은 강대국이 좀비에 대항하려는 전 세계적 노력을 강대국의 힘과 이익을 증대시키는 구실로 이용하지 않을까 하고 두려워할 것이다. 지난 역사가 이런 예상을 어느 정도 뒷받침한다. 소련은 2차 세계대전 말에 군사작전 지역에 괴뢰정권을 세워, 소련과 서방 세계간 완충지대를 만들었다. 냉전이 한창이던 시기에도 나토 NATO 회원국은 공산권에 내리는 전략적 금수조치의 범위와 성격을 놓고 서로 거듭해서 격돌했다. 일부 서방 국가가 소련과의 교역으로 많은 이익을 보고 있었기 때문이었다.[16] 비슷한 역학 관계가 미국이 주도한 '세계적인 테러와의 전쟁global war on terror' 때도 발생했다. 미국은 테러 전략을 택한 모든 비국가 행위자nonstate actors에 대항하는 국제적 활동을 조직하고자 했다. 미국 외 나라는 국가에 위협적이지만 테러리스트라고는 규정할 수 없는 집단을 거기에 추가하는 것으로 이에 응했다.[17]

현실주의자는 어떤 종류의 좀비 퇴치 운동에서는 비슷한 역학 관계가 작용한다고 예측할 것이다. 훨씬 더 범위가 넓다는 점을 제외하면 말이다. 과거에 자연재해는 이전부터 존재하던 분쟁을 악화시켰다.[18] 그러므로 국가는 살아 있는 시체의 위협을 부당하게 이용해서 새로운 영토를 손에 넣거나, 민족 통합 운동을 탄압하거나, 해묵은 원한을 풀거나, 오랜 라이벌을 제압할 수도 있다. 중국은 좀비 위기를 이용해서 대만 점령을 정당화할 수도 있다. 러시아도 같은 구실로 구 소련 소속의 공화국에 대한 개입을 정당화할 수도 있다. 《세계대전Z》에서는 좀비와의 충돌을 빌미로 모스크바가 벨라루스를 다시 합병한다. 인도와 파키스탄은 카슈미르에 발생한 좀비 문제를 통제하지 못했다는 이유로 서로를 비난할 가능성이 있다.* 미국은 좀비에게 위협받는 상황을 전략적으로 이용하고 싶은 유혹을 차마 외면하지 못할 것이다.

쿠바에 미 82공수사단 배치를 정당화하려면 쿠바의 좀비 무리는 규모가 얼마가 되어야 할까? 결국 현실주의자는, 특히 미국 현실주의자는 미국 대통령이었던 존 퀸시 애덤스John Quincy Adams, 1767~1848가 했던 충고를 상기해 '무찔러야 할 괴물을 찾아' 해외로 나가선 안 된다고 경고할 게 틀림없다.

일부 현실주의자는 여기서 더 나아가, 결국 인간 대 좀비 협정이 인간 대 인간 협정과 똑같은 형태로 탄생할 가능성도 있다고 주장한다. 앞서 말했듯이, 좀비 정전에 나오는 많은 좀비가 전략적 정보를 갖추기 시작하면서, 인간과 전략적 협정을 맺는 데서 오는 장점을 충분히 인식할 수 있게 된다. 어떤 좀비 연구 학자는 이런 의견에 반대해, 식인 구

---

*《세계대전Z》에서 파키스탄은 좀비 출현을 막지 못해 이란과 무력 분쟁에 휘말린다.

울은 말을 할 수도 없고 전략적 사고도 발달시킬 수 없다고 주장할지도 모르겠다. 좀비가 설사 그럴 수 없다고 해도, 현실주의자는 로메로 감독이 만든 좀비 영화를 실증적 증거로 들 것이다. 로메로가 감독한 〈살아 있는 시체들의 밤〉에 나오는 구울조차도 도구 사용 능력을 보여주었다.*

로메로가 만든 속편에서 언데드는 점점 더 복잡한 인지 능력을 갖춰간다. 〈시체들의 낮〉에서는 버브Bub와 〈시체들의 땅〉에서는 빅 대디Big Daddy를 인간 배역 대부분보다 더 동정적인 시선으로 그린다. 이 영화에서 버브와 빅 대디 모두 총기 사용법을 익힌다. 버브는 말을 할 수 있고, 간단한 작업을 수행할 수 있으며, 충동 조절을 할 수도 있다. 즉 자기가 평소에는 갈망해 마지않는 식인 행위를 자제할 수 있다. 빅 대디와 언데드 무리는 전술적이고 전략적인 학습을 할 수 있는 능력으로써 위계적 권력 구조를 구축한다. 그 덕분에 그들은 방비가 견고한 인간 요새를 침략해 가장 강력한 지도자를 죽인다. 또한 상상력을 아주 약간만 발휘해도, 유엔에서 좀비 측이 자신들의 입장을 확실하게 변호할

* 〈살아 있는 시체들의 밤〉에 나오는 최초의 좀비는 돌로 바바라의 차를 부수고 차 안으로 들어간다.

것임을 짐작해볼 수 있다.

〈시체들의 땅〉의 결말에서, 좀비 주인공과 인간 주인공은 서로 간섭하지 않는다는 암묵적 합의에 도달한다. 이런 결론은 현실주의적 패러다임에 정확히 부합한다. 좀비가 살아남아 번성하려면 뇌가 파괴되는 일은 피해야 한다. 또 인간처럼 그들도 무정부 상태에 놓인 국제정치라는 혹독한 환경에 적응해야만 한다. 일부 신생 좀비 국가는 처음에는 인간을 적으로 돌리는 급진적 정책을 추구할지도 모르지만, 무정부 체제가 결국 온건한 관점을 갖도록 그들을 학습시킬 것이다.[19]

지적인 좀비의 세계에서는 인간 국가와 좀비 국가 간에 동맹을 맺는 게 가능하다. 실제로 좀비를 표적으로 삼는 대연정을 진전시키려는 모든 정부는 즉시 안보 딜레마security dilemma, 자국 안보를 위한 노력이 의도치 않게 타국을 직간접적으로 도발해서 경쟁적으로 안보 수단을 확보하려 들게 만들고, 그래서 도리어 안보에 위협을 초래하는 상황-역주를 유발할 것이다.

현실정치 국가는 새롭게 부상 중인 구울 정부와 편의 협정alliances of convenience을 체결함으로써 좀비와의 세계대전을 지향하는 어떤 이상주의적 움직임도 교묘하게 이용할 수 있다. 좀 더 수동적인 전략은 존 미어샤이머John

좀비는 유엔에서 그들의 조치를 변호할 수 있다.

Mearsheimer가 이름 붙인 '미끼와 피bait and bleed' 및 '유혈 bloodletting' 전략을 촉진하는 방향으로 진행될 것이다.[20] 이런 경우에 현실주의 국가는 반 좀비 국가와 구울 간에 의도적으로 분쟁을 조장해서, 양측에서 발생하는 상대적인 손실relative loss로 이익을 보려고 들 것이다.

현실주의자는 좀비 국가가 자국 내 인간 국민과 언데드 국민에게 어떤 처우를 하든 불간섭주의를 표방한다.* 결국 현실주의자는 인간 국가와 좀비 국가는 본질적으로 차이가 거의 없을 거라는 결론을 내릴 것이다. 현실주의 패러다임에서 보면 인간은 권력욕을 타고난다. 그리고 좀비는 인육 욕망을 타고난다. 권력과 인육 모두 희소 자원이다. 개인적 특성이나 국내 기관이나 인육에 대한 갈망의 차이와 상관없이, 인간과 좀비 행위자는 똑같이 무정부 상태에서 오는 강력한 제약을 받는다. 두 행위 집단 모두, 무정부 상태에서 자기 이익을 증대시키기 위해 전략적 기회주의에 동참한다. 그렇기 때문에 세계정치의 기본적인 속성은 달라지지 않는다. 현실주의자는 결국 많은 인명과 재산, 특히 많

*어떤 현실주의자는 국가가 자국의 이익을 생각하지 못하게 만드는 '인간적 로비human lobby'가 가진 힘을 경고할 게 틀림없다.

은 인명을 희생해 전 세계적으로 광범위하게 좀비에 대항해야 하는 위험천만한 모험에 뛰어들어선 안 된다고 인간 국가에게 경고할 것이다.

REGULA[TING]

THE UN[...]

IN A LIB[ERAL]

WORLD

ORDER

05

자유주의적
세계질서에서
언데드
관리하기

현실주의 패러다임이 그렇듯이 자유주의에도 다양한 종류가 있다.[1] 그럼에도 모든 자유주의자의 공통된 신념이 하나 있다. 즉 무정부 상태에 놓인 세계에서도 여전히 협력이 가능하다는 신념이다. 자유주의자는 세계정치를 제로섬게임 zero-sum game, 게임 이론에서 참가자가 각각 선택하는 행동이 무엇이든지 참가자의 이득과 손실의 총합이 제로가 되는 게임으로 한쪽이 이득을 보면 반드시 다른 한쪽이 손해를 봄-역주이 아니라고 본다. 핵 확산 방지에서부터 질병 예방에 이르는 쟁점까지 서로 협력함으로써 전 세계적 공익을 대량으로 산출할 수 있다. 하지만 여기서 나온 이득이 언제나 공평하게 분배되는 건 아니다. 그러나 모든 행위자는 정책 협력을 하지 않았을 때보다는 더 큰 이득을 본다. 그렇기 때문에 세계정치의 주요 행위자는 장기적인 협력이 주는 장점을 인식해 상호 배신에 따르는 대가를 치르지 않으려는 동기를 갖고 있다.

　자유주의자는 협력이 언제나 성공을 가져온다고는 생각하지 않는다. 어떤 경우에는 바라는 바가 서로 너무 달라서, 행위자끼리 어떤 타협이나 합의에 이르지 못할지 모른다. 제로섬을 극복한 협약이 가능하더라도, 실제로 그런 이득을 보고자 하는 동기가 반드시 협력을 보장하진 않는다. 협력에서 오는 이득에는 보통 배제성다른 사람이 해당 재화를 사용하지 못하게 막을 수 있는 경우-역주이 없다. 다시 말해, 누구든 협력을 하지 않아도 다자간 협력으로 이익을 볼 수 있다. 예를 들어, 어느 용감한 생존자 집단이 언데드 전염병을 근절할 수 있는 방법을 고안해낸다면 모든 인류는 자기가 거기에 도움을 주었든 안 주었든 상관없이 이익을 볼 것이다. 여기서 '무임승차 문제'가 발생한다. 표 2에 나오는 보상 체계가 보여주듯이 말이다. 자유주의자에게 닥친 난제는 상호 협력이 낳는 결과가 상호 배신이 낳는 결과보다 좋긴 하지만, 일방적으로 배신할 수 있는 상황에서 모두가 가장 좋은 결과를 얻는다는 것이다. 모든 행위자가 똑같은 동기를 갖고 있기 때문에 결과는 공유지의 비극tragedy of the commons,
공공 목축지가 있으면 목축업자들은 자기가 소를 풀어놓지 않아도 남들이 그럴 테니 자기가 손해라 생각하고, 소를 풀어놓지 않는 업자보다 소를 풀어놓은 업자가 얻는 순익이 더 크므로 저마다 자기 이익을 극대화하기 위해, 결국에는 그곳이 황폐화되어 자기도 손해를 보게 될 것을 알면서도 더 많은 소를 풀어놓으려고 한다. 이렇게 모두가 이용해야 할 자원을 사적 이익을 추구하는 시장에만 맡겨두면 저마다 개인의 이익을 극대화하려다 자원이 남용으로 고갈돼 결국 공멸을 초래한다는 것이다-역주 이 될 수도 있다. 협력을 하면 모두에게 더 나은 결과가 생기는데도 불구하고, 모두가 배신한다는 것이다.[2]

그러나 이런 상황이 절망적이기만 한 건 아니다. 자유주의적 패러다임은 공유지의 비극을 극복할 수 있는 다양한 전략을 제공한다.[3] 미래의 그림자the shadow of the future, 미래의 보상이나 결과에 대한 기대가 현재의 협력에 대한 판단에 영향을 미치는 것으로 달리 말해 미래의 영향력-역주가 길어지게 하는 조건이 협력 가능성을 높여준다. 누군가의 시계時界, time horizon가 넓어질수록 상호 협력으로 얻는 보상이 무임승차로 얻는 찰나적 이득

표 2
공유지의 비극 게임

		B 참가자	
		협력	이탈
A 참가자	협력	(3/3)	(0/5)
	이탈	(5/0)	(1/1)

보다 훨씬 커진다. 어떤 행위자가 한동안 이탈하지 않을 생각일 때, 협력을 거부하는 행위는 처벌하지만 '선량한' 행위자에게는 잘해주는, 예를 들어 맞대응tit-for-tat 같은 전략이 장기적으로 다자간 협력을 지속시킬 수 있다.

다른 책략으로, 협력으로 얻는 보상을 증진시키고 이탈에서 얻는 이득을 감소시킬 수 있다. 상호의존관계여러 경제 요소가 서로 맞물려 각기 다른 요소의 원인이 되기도 하고 결과가 되기도 하는 관계-역주는 공동 대처의 세계와 상호 불신의 세계가 얻는 소득 격차를 극대화시켜 이탈 동기를 감소시킨다.[4] 단기적 안목으로 속임수를 썼다가는 장기적으로 교역에서 얻는 이득을 잃게 될 거라는 점을 알게 되면 국가가 그런 짓을 할 가능성이 줄어들 것이다. 정보를 감시하고 보급하는 다국적 기관은 부정행위를 확실하게 잡아내 처벌할 수 있게 해줄 것이다.[5] 이들 기관은 관련된 모든 행위자에게 그들 모두가 게임 규칙에 동의하고 있다는 걸 재확인시켜, 규칙이 언제, 어떻게 깨지게 될지를 확실하게 알려준다.

마지막으로, 민주주의 국가가 서로 협력할 가능성이 높다. 자유주의자는 민주주의 국가가 선호하는 게 서로 비슷할 가능성이 높기 때문에 협력이 쉬울 거라 가정한다. 더 중요한 것은, 국내법과 기관이 민주주의 국가가 국제적 합의를 확실하게 이행할 수 있게 하는 수단을 제공한다는 점이다.[6] 자유주의자는 현실주의에서 전망하는 홉스가 말한 '만인의 만인에 대한 투쟁'과 같은 일이 일어나도록 내버려 둔다. 다만, 이렇게 하는 건 매우 극단적 상황에서만 국한된다.[7] 상호의존관계와 민주주의 정부 및 국제기관의 세계에서는 광범위한 규모의 다자간 협력이 조성된다.

언뜻 보면 자유주의적 패러다임은 좀비로 인한 인류의 대재앙에 중점을 둔 장르와는 잘 어울리지 않는 것 같다. 사실 좀비가 출현한 세계에서 자유주의의 비극은 자유주의가 가진 주요 신조 일부가 식인 구울의 확산을 가속화시킬 거라는 데 있다. 자유주의자는 개방적 세계경제를 주창한다. 얽히고설킨 상호 의존을 촉진해서 개별 국가에 협력 동기를 확실히 만들어주기 위해서다. 국경 개방은 사람의 이동과 전 세계적 유행병이 더욱 대규모로 번지게 부채질하는 것과 마찬가지로, 언데드와 감염된 인간 보균자가 국경을 넘어 확산되는 것도 용이하게 한다.[8] 현실주의와 확연히 대조적으로, 자유주의 정책 방안은 좀비가 가져오는 위협의 초기 단계를 더욱 악화시키는 듯하다. 그렇다 보니 아주 많은 비판적 이론가가 걷잡을 수 없이 확산되는 좀비를 자본주의의 확산과 동일시하는 것도 별로 놀랍지 않다.[9]

마찬가지로 자유주의자는 좀비와 협력하는 게 거의 불가능하다는 걸 인정한다. 좀비가 강제로 협력하도록 만들 제재 조치를 고안해내는 건 아주 어려운 일이다. 선호도 차이도 너무 크다. 조나단 컬튼Jonathan Coulton이 부른 노래 〈너의 뇌에 대하여Re: Your Brains〉에 나오는 좀비의 입장에서 쓴 가사는 그들의 생각을 가장 잘 요약해서 보여준다.

> 우리가 원하는 건 당신들 뇌를 먹어치우는 게 다야
> 우린 부당하게 굴진 않아, 아무도 당신들 눈알은 먹지 않을 거라는 말이야
> 우리가 원하는 건 당신들 뇌를 먹는 게 다야
> 우리는 교착상태에 빠져 있어, 그러니 타협이 필요할 거 같아
> 그러니 문을 열어줘,
> 그러면 우리가 들어가서 당신들 뇌를 먹어치울게

협상에서 좀비 측 입장이 이렇다면 비非제로섬 협정에 대해 자유주의 측의 가정은 유효하지 않다. 표 3에서 좀비의 비극Tragedy of the Zombies 게임이 보여주듯이, 좀비의 지배 전략은 인간을 잡아먹는 것이다. 그러니 맞대응 전략은 소

용이 없다. 그게 협력이 됐든 조율이 됐든 살아 있는 시체와는 가능하지가 않다.

다시 생각해보면 여전히 자유주의 패러다임은 중요한 분석에서 예리하다는 게 드러난다. 좀비 로맨틱 코미디romantic zombie comedies, 줄여서 좀로코물에는 암시적인 자유주의적 요소와 노골적인 자유주의적 요소가 모두 들어 있다. 루벤 플라이셔Ruben Fleischer가 만든 〈좀비랜드〉는 좀비로 들끓는 환경에서 살아남는 데 필요한 알기 쉬운 규칙을 명시하고 준수하는 데 역점을 둔다. 여기서 전하는 핵심 메시지는 유산소운동이 필요하다는 것 외에도, 본질적으로 서로 다른 개인이 서로에게 전적으로 헌신해야만 한다는 것이다. 에드가 라이트Edgar Wright가 만든 〈새벽의 황당한 저주Shaun of the Dead〉 2004에 나오는 등장인물은 어떤 조지 로메로의 영화보다 훨씬 더 서로 협력하는 모습을 보인다. 실제

표 3
좀비 게임의 비극

		인간	
		좀비를 죽이지 않는다	좀비를 죽인다
좀비	인간을 잡아먹지 않는다	(1/4)	(0/5)
	인간을 잡아먹는다	(5/0)	(4/1)

로 영화의 클라이맥스에서 숀이라는 등장인물은 자유주의에 대한 감동적인 찬사로 친구와 친척을 규합한다. "버트란트 러셀이 언젠가 '협력만이 인류를 구원할 것이다'라고 말한 적이 있지. 이 말이 현재 상황에도 맞는다는 걸 모두 잘 알 거라고 생각해."

자유주의적 패러다임은 전 세계적 좀비 발생이 세계정치에 어떤 영향을 미칠지를 아주 흥미로운 예측과 설명으로 알려준다. 아마도 가장 중요한 자유주의적 통찰이라면 좀비 연구에서 가장 큰 수수께끼 중 하나인, 구울은 절대 서로를 공격하는 법이 없다는 데 대한 답일 것이다. 로메로가 만든 〈새벽의 저주〉에서는 한 과학자가 언데드끼리는 '분열이 없다'는 걸 알아낸다. 대니 보일 감독이 만든 〈28일 후〉를 보면, '분노 바이러스'에 감염된 사람도 오직 다른 인간에게만 분노를 표출하지, 동료 좀비에게는 그러지 않는다. 좀비는 자기들끼리 잡아먹지 않는다는 게 우리가 하는 가정이다. 그럼에도 인간 시체를 나눠 가지려고 하는 과정에서 서로를 공격하지 않는다는 건 놀라운 일이다. 특히 인육이 점점 더 귀해져가는 때에 말이다. 그러나 로메로가 만든 〈살아 있는 시체들의 밤〉에서도 좀비는 인간을 이기기 위해, 함께하는 걸 받아들이거나 적극적으로 협력한다.

왜 그럴까? 자유주의적 패러다임에서 내놓는 답은 간단하고 합리적이다. 살아 있는 시체에게는 미래의 그림자가 가장 길기 때문이다. 존 메이나드 케인즈가 했던 유명한 말대로, "결국에는 우리는 모두 죽는다" 결국에는 언데드도 교류를 해야만 한다. 따라서 그들은 가장 강력한 협력 동기를 갖고 있다.[10] 좀비가 일치단결한다면 인류는 와해될 위험에 직면할 것이다.

좀비 연대가 위협적인 수준이라 하더라도, 자유주의자는 인간에게도 다자간 협력을 하려는 동기가 좀비만큼 강할 것이라고 예측할 것이다. 다른 방식으로 살아 있는 생물체 differently animated, 즉 좀비가 확산되는 상황은 경제적 세계화economic globalization가 가져오는 전통적인 '부정적 외부효과negative externality' 문제에 해당한다. 그럼에도 불구하고 교역에서 이익을 얻는 나라가 의도치 않더라도 좀비 확산을 용이하게 해서 제3자, 즉 식인 구울에게 보상을 안겨주고 말 것이다. 따라서 여러 국가는 개방적인 세계경제가 탄생시킨 돈 세탁이나 식품 매개 질병 같은 다른 공공 악재 public bads, 경제에는 이롭지만 환경이나 사회적으로 해를 끼치는 것으로 대표적인 예가 공기 오염이다-역주를 볼 때와 같은 시각으로 좀비를 바라볼 것이다. 이에 따라 강대국은 좀비 확산을 막기 위한 국제기구를 설립하고 강화할 것이다. 실제로 좀비가 가하는 위협은 굉장히 다양한 삶의 영역을 건드리기 때문에 많은 자유주의자는 '레짐 복합체regime complex'가 나타날 거라 예측할 것이다.[11] 유엔안전보장이사회, 세계보건기구, 국제 이주기구를 포함한 엄청나게 많은 국제 정부기구가 현존하는 좀비 군단에 대적하고 향후 이들의 발생을 예방하려는 목적으로 일련의 정책과 의정서를 공표할 것이다.* 서로 겹치는 모든 건강·교역·안보 문제에 대처하기 위해서 조정 단체coordinating body를, 그중에서도 어쩌면 WZO, 즉 세계좀비기구World zombie Organization라도 구성할 필요가 있을지 모른다. 결국에는 어떤 조직이 세계 시민사회 전역의 이

*좀비가 유전자 변형 생물체로 분류된다는 걸 감안할 때, 유럽연합은 되살아난 시체의 신체 조직이 국경을 넘어 이동하지 못하게 하는 핵심적인 규제 메커니즘으로, 생물학적 안정성에 대한 카르타헤나 의정서Cartagena Protocol on Biosafety를 즉각 발효할 것이다.
**자유주의의 이런 예측은 초기 정책 대응으로 구울 확산을 완화시킬 수 있을지 여부에 크게 좌우된다. 의사 결정권자가 내린 결론이 언데드 확산을 중단시킬 수 있는 조치는 없다는 것이라면 미래의 그림자는 사라져버릴 것이다. 그렇게 되면 행위자가 비협조라는 최종 전략을 실천에 옮긴다는 게 자유주의자의 예측일 것이다. 이 시점에서는 은신과 비축이 적절한 대응책일 수 있다.

해 당사자로부터 충분한 지원을 받는 '포괄적이고 종합적인 탈좀비화 전략comprehensive and integrated dezombiefication strategy'을 행동 계획으로 발표할 것이다.**

자유주의자는 반좀비 레짐 복합체가 좀비 문제를 현저히 경감시킬 수도 있다고 예상할 것이다. 언데드를 지구상에서 박멸해버리면 얻을 수 있는 공익이 상당히 크기 때문에 의미 있는 정책 협조가 이뤄질 가능성이 커진다.[12] 언데드는 국가가 참여했던, 의미 있는 다자간 협력인 테러리즘이나 세계적 유행병처럼 체계적 위협systemic threats, 시스템 전반을 붕괴시킬 수 있는 영향을 미치는 위협-역주으로 분류될 것이다. 이런 예측은 좀비 문헌의 핵심 요소와 일치한다. 맥스 브룩스가 쓴 소설 《세계대전Z》를 보면 유엔 회의 후에 공세를 취하자는 결정이 나온다.[13] 자유주의적 국제주의를 따르는 미국은 지지를 모으기 위해 리더십과 강력한 사회적 목적의식을 제시했다.[14]

이런 글로벌 거버넌스global governance, 세계적 문제에 대처하기 위한 다국적 행위자의 정치적 상호작용-역주 기구가 언데드와 싸우는 데 얼마나 효과적일까. 관리 체제가 가진 효력에 대한 이런 질문은 국제관계학 학자를 오랜 세월 괴롭혀왔다.[15] 물론 나토나 화학무기금지조약Chemical Weapons Convention 같은 자유주의적 안보 체제는 믿음직한 성과를 자랑한다.[16] 실시간 통신 시대에 정보를 빠르게 검토하고 확산시킬 수 있는 안보 레짐도 보건 의료 레짐도 가진 능력은 모두 좀비 문제가 발생한 초기 단계에 신속한 대응을 용이하게 해줄 것이다. 세계화가 바이오 안보를 향상시키는 데 필수적인 기술 및 규제 협력을 촉진시킨 건 분명하다.[17] 사람들은 최소한 살아 있는 시체에 대한 상당한 반격과 엄중한 규제를 기대할 것이다. 브룩스가 쓴 《세계대전Z》나 마이라 그랜트Mira Grant가 쓴 《먹이Feed》 2010에 나오는 결과와 거의 일치하는 수준으로 말이다.[18]

이런 거시적 상황은 안정적으로 보일지 몰라도 불완전하기도 하다. 오늘날 국가 간 시체 이동 체제에는 이미 허점이 존재한다.[19] 현행 국제법을 개정한다 해도 좀비는 글로벌 거버넌스 기구에게는 가장 힘든 시련에 해당한다. 좀비는 가장 난이도 높은 종류에 속하는 거버넌스 문제인 금지 레짐prohibition regime이다.[20] 구울을 남김없이 색출해내 죽이고 형체를 알아볼 수 없을 정도로 만들어놓지 않는 한 언데드의 확산은 되풀이될 가능성이 크다. 질병을 근절하기 위한 국제적 레짐international regime 특정 국제관계 문제에 대해 국제사회의 행위자가 인정하는 일련의 원칙·표준·규칙·의사결정규범 등-역주을 보면 이런 과제에 내재한 어려움을 알 수 있다. 천연두라는 재앙을 물리치긴 했지만 완전히 철저하게 근절한 질병은 몇 개 되지 않는다.[21] 에이즈, 소아마비, 말라리아, 결핵, 무수한 종류의 독감이 계속 남아 있다는 사실은 전 세계적 반좀비 레짐이 어떤 도전에 직면해 있는지를 보여준다.

자유주의 패러다임에서는 국제적인 반 좀비 체제 내에서 생기는 두 가지 중요한 허점을 예측할 것이다. 첫째, 일부 국가는 문제가 악화되어 지방정부의 통제를 벗어나는 지경에 이를 때까지 좀비 발생에 대한 정보를 적시에 제공하지 못할지도 모른다. 독재국가는 보건 위기를 인정하지 않으려하는 경향이 있다. 이를 인정했다가 사회 지배력을 위협받을 수도 있기 때문이다. 비민주적 정권은 재난을 예방하거나 저지하는 데 필수적인 공공재에 투자할 가능성이 적다.[22] 이것이 독재국가에서 재난으로 인한 인명 손실이 훨씬 큰 한 가지 이유다.[23] 지방 공무원이 좀비 발생을 상급 지휘 계통에 보고할 때 늦장을 부릴 수도 있다. 개발도상국은 살아 있는 시체의 재출현을 감지할 만한 인프라가 부족할지 모른다. 그들은 식인 구울의 발생을 공표했다가, 대규모 시장권market jurisdiction에서 있을 어떤 정책 대응으로 경제적 영향이 있을까 두려워할 게 틀림없다.* 중국이 처음에 자국에서 발생한 사스SARS 환자를 적시에 검증 가능한 방식으로 숨김없이 세계에 알리는 걸 거부한 것은 이런 종류의 정책적 난제를 보여주는 대표적인 예다.[24] 《세계대전Z》에서도 중국은 이와 비슷한 방식으로 행동한다. 즉 중국 내 좀비 문제의 규모가 어느 정도인지를 숨겨서 대만과 위기를 초래하기까지 한다.[25]

둘째, 비정부기구가 살아 있는 시체를 변호하는 데 혈안이 되어 좀비 박멸을 방해한다 해도 놀랍지 않다. 비정부기구가 글로벌 거버넌스 기구를 변경시키는 능력에 대해서는 국제관계학계 내에서 어느 정도 논란이 있다.[26] 그러나 최소한 세계시민사회global civil society가 글로벌 거버넌스의 규정을 시행하는 거래 비용이 높아지게 할 수는 있다. 최소한 비정부기구 한 곳은 이미 좀비 평등권에 찬성하고 있다. 바로 언데드 인권과 평등을 위한 영국 국민 모임이다.[27] 좀비권 감시 기구나 국경 없는 좀비회나 좀비 구호 기금이나 좀

---

* 이런 문제는 개발도상국에만 국한된 게 아니다. 식인 구울이 발견된 경우, 즉각적이고 확실한 두 가지 예측이 가능하다. 즉 유엔은 영국산 쇠고기 수입을 전면 금지시킬 것이고, 일본과 한국도 미국산 쇠고기에 비슷한 금수 조치를 내릴 것이다.

비의 윤리적 대우를 위한 사람들 같이 더 유력한 시민운동 단체가 조직되어, 완벽한 좀비 박멸을 어렵게 만들 거라는 데는 의심할 여지가 없다.

이런 난관이 해결하기 어려운 문제로 판명난다 하더라

반좀비 정책에 반대하는 시위가 일어나도 놀랄 일은 아니다.

도, 지나친 과장은 금물이다. 중국은 사스 사건을 겪은 뒤 학습 효과가 생겨서, 예를 들면 베이징 당국은 2009년 신종 플루H1N1가 유행했을 때는 훨씬 더 투명한 대처를 했다.[28] 국가가 전 세계적 유행병이라는 문제에 익숙해질수록 점점 심각해지는 언데드 문제를 은폐할 거라 예상되는 국가의 수는 줄어들 것이다. 다자간 해법이 불완전한 것으로 드러난다 해도, 자유주의자는 안전장치 역할을 할 '다국적' 또는 지역 기구가 등장하리라 예상할 것이다. 미국은 세계좀비기구가 실패하면 북미 국가 간 반좀비 협정을 맺어 국지적인 방법으로 문제에 대처할 가능성이 있다. 마찬가지로 유럽연합 집행위원회European Commission에서 이런 사안에 대처하기 위해 할 수 있는 모든 명령을 내릴 거라는 예상을 할 수 있을 것이다.* 동남아국가연합the Association of Southeast Asian Nations과 남미공동시장Mercosur과 아랍연맹Arab League과 아프리카연합African Union도 이에 뒤지지 않을 것이다. 세계시민사회 대부분도 언데드 박멸에 지나치게 이의를 제기할 것 같진 않다. 좀비권이라는 문제는 유력한 비정

*유럽연합 내에서 좀비 위원회의 의무와 권리를 어떻게 취급할지에 대한 논의는 이 책에서 다루고자 하는 범위를 벗어난다.

부기구일수록 지원 피로증donor fatigue이나 정치적 반발을 우려해서 지원 의제 추진을 거절할 만한 사안일 수 있다.[29]

자유주의 패러다임에서 예측하는 결과는 불완전하며 시간이 지나면 쉽게 정치적 비판에 직면할 것이다. 오늘날 유엔이 처한 상황과 아주 비슷하게 말이다. 그렇긴 하지만 이런 기구가 좀비로 인한 총체적 대재앙이라는 공포를 몰아내기에 충분한 기능을 할 거라는 예상도 가능하다. 좀비가 갑작스레 다시 확산될 건 분명하다. 유엔이 후원하는 반영구적인 인도적 차원의 반좀비 파견 활동이 좀비 퇴치에 실패한 국가에 필요할 것이다. 자유주의자는 식인 구울의 영구 박멸이 불가능하다는 건 인정할 것이다. 그러나 좀비 문제를 대처 가능한 많은 위협 중 하나로 환원시키는 건 예측 가능한 결과다. 자유주의자가 쓰는 어휘를 빌리자면 대부분의 국가는 대다수 좀비를 언제든지 거의 죽음으로 몰 수 있기 때문이다.

NEOCON
ISM AND
THE AXI
EVIL DE

06

신보수주의와
살아 있는
시체들의
악의 축

미국 외교정책 사회에서는 신보수주의자neoconservative, 즉 '네오콘neocon'을 현실주의자나 자유주의자, 어느 쪽에도 속하지 않는, 분석적으로 완전히 다른 집단으로 취급한다. 국제관계학 연구자 대부분은 신보수주의 외교정책이 자유주의 신조와 현실주의 신조를 혼합한 거라 본다. 그러나 일부는 이 접근법을 완전히 다른 패러다임이라 보기도 한다.[1] 한편으로 네오콘은 민주주의적 평화democratic peace가 가진 중요성에 대해 자유주의자와 같은 입장을 취한다. 자유주의자처럼 신보수주의자도 민주국가의 세계질서가 더 안전하다고 믿는다.[2] 그들은 민주국가는 서로 싸우지 않을 것이고, 따라서 세상은 민주주의 국가가 많아질수록 더 안전한 곳이 된다는 견해를 받아들인다. 네오콘은 또 미국의 패권이 더 정의로운 세계질서에 기여한다는 자유주의적 국제주의 견해에도 동의한다.

다른 한편으로, 신보수주의는 현실주의가 국제기구에 대해 가진 회의론에 공감한다.[3] 네오콘은 다국적 기구가 니체가 말한 약자와 사악한 자의 무기라며 무시한다.[4] 국제기구와 국제법은 민주국가에게 제약만 가할 뿐이다. 법규를 준수하도록 만들기 때문이다. 독재국가는 다자간 공동 정책 multilateralism을 실제로는 그렇게 하지 않으면서 이론적으로만 냉소적으로 받아들여 이득을 본다. 신보수주의는 독재국가가 내세우는 외교정책에 깔린 의도를 믿지 않는다. 또 민주국가가 그런 위험한 세계에서 계속 감시 태세를 유지할 수 있는 능력에 대해서도 의구심을 갖는다. 전통적인 현실주의자처럼 네오콘도 민주주의가 외교정책의 실행력을 약화시키는 결과를 가져오는 것 때문에 고민한다.[5]

미국의 신보수주의자는 위협과 갈등을 아주 빨리 포착한다. 지난 10년 동안 이들은 많은 위협을 미국적 생활 방식의 일부로 만들었다. 러시아, 중국, 이란, 북한, 알카에다, 이슬람, 유럽연합, 유엔 등이 유발하는 위협이 여기에 속한다.[6] 다른 가능한 실존적 위협에 시달리지만 않는다면 신보수주의자는 좀비가 가하는 위협을 초기 단계에서 감지할 수 있을 거라는 예상이 가능하다.*

식인 언데드가 일으키는 폭동에 대해 신보수주의 측 정책 대응은 단순하고 단도직입적일 것이다. 좀비는 어떤 문명 충돌보다도 더 심각하게 실존에 위협을 준다. 로버트 케이건Robert Kagan이 했던 말을 바꿔 말하면, 인류는 흙에서 왔고 좀비는 지옥에서 왔다.[7] 화해도 수용도 지속가능한 선택지는 되지 못할 것이다. 좀비는 우리가 가진 자유 때문에 우리를 싫어한다. 구체적으로는 사람을 먹지 않아도 되는 자유 때문에 말이다. 댄 오배넌 감독이 만든 〈바탈리언〉에서 한 좀비는 이렇게 설명한다. 구울이 뇌를 먹는 이유는 그래야만 죽었다는 데서 오는 고통을 덜 수 있기 때문이다.

신보수주의자는 좀비가 세계정치의 다른 어떤 행위자와도 비슷하다는 현실주의의 주장뿐 아니라, 글로벌 거버넌스 기구로 좀비의 위협에 대처할 수 있다는 자유주의의 주장도 비웃을 것이다. 이들 유파에서는 그 대신 공격적이고 무력적 대응으로 인류가 보유한 패권을 확실하게 지속시킬 것을 권한다. 신보수주의자는 구울이 접근해 오길 앉아서 기다리

---

*사실 좀비 출현에 신보수주의자가 택할 초기 대응이 마치 습관처럼 이라크를 재침공하는 게 될 거라는, 한 가지 걱정거리가 있다.

기보다 언데드에게 싸움을 거는 예방적인 정책 대안을 추천할 것이다. 이들이 선호하는 정책은 좀비 재난 지역 내 중심부를 무력 침공하는 것이다. 구울이 들끓는 구역에 군대를 배치하는 데는 두 가지 유용한 목적이 있다. 첫째, 군대가 '파리 잡는 끈끈이' 역할을 해서, 좀비가 자기 영토를 확장하는 데에서 관심을 다른 방향으로 돌리게 한다. 둘째로, 이런 무력 사용으로 결국 언데드의 위협을 완전히 뿌리 뽑을 수 있다.

신보수주의 측이 좋아하는 좀비를 막는 정책은 신속한 승리를 가능케 한 군사 혁신RMA, revolution in military affairs에 근거를 두고 있다.[8] 이런 군사 정책에 입각해서 신보수주의자는 공군력과 특수부대에 큰 비중을 둔 첨단 기술의 전투 작전에 의지해서, 살아 있는 시체에게 충격과 공포를 안겨 항복시키라는 제안을 할 것이다. 신보수주의 강경파는 미국이 가진 전력을 이용하면 새로운 현실을 창출할 수 있을 거라고 주장할 거다. 좀비가 완전히 죽지 않은 상태에서 벗어나, 인간을 기반으로 한 사회에 다시 합류하길 스스로 간절히 원하게 되는 현실을 말이다.[9] 신보수주의 온건파는 보다 미묘한 차이를 보이는 입장을 취할 것이다. 그래서 좀비가 득실거리는 지역 중심부에 인간 거류지를 만들면 좀비에게 고통받던 인접 국가 국민이 여기에 자극을 받아 봉기해서, 스스로 언데드 압제자에게서 해방될 거라고 가정한다. 모든 신보수주의자는 미국이 제공해야만 하는 최고의 미덕을 구현하고 있는 군인 정신 및 위대한 국가에 어울린다며 언데드 박멸 운동을 환영할 것이다.[10]

신보수주의 측 정책이 좀비 위협에 대처하는 최선의 방법이 무엇인지에 대한 현존하는 연구 결과와 일치한다는 건 칭찬할 만한 일이다.[11] 좀비와의 전쟁은 물론 악 그 자체와의 전쟁이기도 하다.[12] 그러나 신보수주의를 구성하는 다른 요소가 초기 계획의 장기적 실행 가능성을 약화시킬지도 모른다. 예를 들어, 신보수주의는 보통 모든 적을 사악한 적의 연합체나 동맹의 일부라 가정한다. 물론 그런 가정은 좀비에 한해서는 유효하다. 그러나 신보수주의자가 거기서 멈출 리는 없다. 신보수주의는 독재주의에 대한 적의 때문에 좀비와 독재자를 동일한 중차대한 위협의 일부로 보는 경향이 있다. 그러다 보니, 되살아난 시체를 소위 시체들의 악의 축 Axis of Evil Dead에 맞서는 더 큰 규모의 4차 세계대전의 일부로 파악하는 게 불가피할 수밖에 없다. 이런 악의 축에는 언데드 연합군뿐만 아니라 이란, 시리아, 헤즈볼라, 하마스, 알카에다, 중국, 러시아도 들어갈 수 있다.[13] 적으로 간주하는 대상의 수가 늘어나면 광범위한 다자간 연합체를 구성해 전쟁을 하려는 어떤 시도에도 방해가 되어, 좀비와의 세계대전에서 군사적 효율성military effectiveness을 저해할 것이다.

더구나 살짝 발만 담그는 전략을 수행하는 지상군과, 충격과 공포라는 군사 교리軍事敎理, military doctrine가 결합하면 이는 언데드에 대항하는 군사작전에 엄청난 재앙이 될 것이다. 브룩스가 《세계대전Z》에서 명쾌하게 밝혔듯이, 이런 군사 교리는 좀비에게 전혀 영향을 미치지 못한다. "적이 충격이든 공포든 받을 수가 없는 존재면요? 그냥 받지를 않는 게 아니라, 생물학적으로 '도무지 받을 수가 없는' 거면요?"[14] 실제로 그런 전략은 새로 유입되는 식인 구울 수만 늘어나게 만들 뿐이다. 역사를 어떤 길잡이로 삼아보면 최초에 진입한 점령군은 수가 너무 빠르게 줄어들 것이다. 장기적으로 군은 언데드가 벌인 유혈 폭동의 진압을 너무 오래 끌면서 곤경에 빠질 것이다. 토착민은 미군이 좀비 군단을 진압할 수 있을 거라는 믿음을 잃어버릴 수 있다.

좀비에서 해방된 구역인 고립 지대를 정리하고 지키는 데 필요한 병력과 물자가 대량 증가하면서, 식인 구울에 대한 신보수주의적 접근법은 장기적으로는 그리 신통찮은 결과를 낼 것이다. 그러나 대가만큼은 끔찍할 거다. 증파 전략

surge strategy이 실패하면 필연적으로 파국을 초래할 정책 대응이 등장할 것이다. 〈28주 후〉에서처럼 말이다. 이 영화의 후반부에 좀비 폭동이 일어나자 군은 감염자든 아니든 누구나 보는 즉시 사살하라는 명령을 다급하게 받게 된다. 호감 가는 등장인물인 군의관 스칼렛은 감염 발생시에 군에서 갖는 사고방식을 이렇게 설명한다. "뭔지 알겠어요. 그들은 코드 레드Code Red를 실행에 옮기고 있는 거예요. 1단계, 감염자를 죽인다. 2단계, 봉쇄. 봉쇄가 실패하면, 3단계, 몰살." 슬프게도 영화 마지막에 런던을 소이탄으로 폭격하는 등 극단적 조치에도 불구하고, 좀비 전염병은 격리 지역을 벗어나 유라시아 대륙으로 확산된다.

THE SO
CONSTR
OF ZOM

07

좀비의
사회적 구성

구성주의는 가장 최근에 생긴 국제관계학 패러다임이다. 현실주의와 자유주의 패러다임에서와 마찬가지로 구성주의에도 다양한 접근법이 존재한다.[1] 그러나 구성주의적 접근법은 세계정치를 대하는 데 같은 핵심 가정을 갖고 있다. 이런 가정과 인과적 메커니즘은 두 가지 주된 신조를 중심으로 전개된다. 즉 현실의 사회적 구성social construction of reality과 세계 무대에서 일어나는 행동을 설명하고 해석할 때 중요한 정체성이다.

구성주의자에게도 경제적 부나 군사력 같은 물리적 요인은 중요하다. 그러나 훨씬 더 중요한 것은, 사회적 구조가 그런 물리적 능력의 의미를 어떻게 여과해서 해석하는지에 있다. 예를 들어, 사회적 세계에서 인육을 탐하는 행위자는 좀비만이 아니다. 식인종, 상어, 잔뜩 굶주린 곰도 충분한 기회와 의지만 있다면 '호모사피엔스'를 공격 목표로 삼을 수 있다. 그런데도 인류에게 더 큰 위협으로 인식되는 것은 좀비다. 왜일까? 여기에서 할 물리적 요인을 고려해봐야 한다. 우리가 아는 한 곰이 인간을 물어서 곰으로 변하게 해 자신의 개체 수를 늘릴 수는 없다. 그러나 구성주의자는 이런 설명으로는 충분치 않다고 주장할 것이다. 좀비는 양식이나 재밋거리로 서로를 잡아먹지 않는다는, 강력한 인간적 규범human norm을 위태롭게 한다. 그래서 결과적으로 안보에 훨씬 큰 우려를 불러일으킨다.

구성주의자는 초국가적 규범이 국제정치 행위에 강력한 제약을 가한다고 주장한다. 예를 들어, 핵무기는 인류 역사상 가장 강력한 파괴력을 갖고 있다. 그러나 1945년 이후로는 사용된 적이 없다. 사회적 구성주의자는 시간이 가면서 핵무기 사용이 터부시되기 시작했다고 주장한다.[2] 여러 사회 내에서 행위자는 보통 강력한 사회규범을 위반하는 일은 자제하려 들기 마련이다. 동료에게서 배척당하고 싶지 않기 때문이다. 구성주의 학자는 국제사회에서도 이런 효과가 발생한다고 주장한다. 그래서 대체로 국가는 국제사회에서 다른 행위자에게 배척당하는 일을 피하려고 한다.[3]

구조주의 패러다임에서 그만큼 중요한 것은 행위자와 선택의 우선순위를 규명하는 정체성의 역할이다. 정체성은 상호 인정mutual recognition을 통해 발생하거나 구성된다. 국제사회가 독재자를 인정할 때는 그들 스스로 그렇게 인식하기 때문만이 아니라, 다른 행위자도 그들을 적법하다고 인정하기 때문이다. 행위자는 어느 정도는 '상대편'과 자신을 대비함으로써 스스로를 정의한다.[4] 여기서 말하는 행위자에는 국가가 포함되지만 국가만 국한되는 건 아니다. 이렇게 해서 모든 행위자는 세상의 문제에서 그들이 취하는 행동과 신념의 지침이 되는 존재론적 안전감을 한층 더 많이 갖게 된다.[5] 좀비는 한때 인간이었으므로, 다시 살아난 몹시 굶주린 식인 시체는 인간이 자기 정체성에 대해, 그래서 살아 있다고 할 수 없는 인간과 어떻게 다른지 확신을 갖지 못하게 만들 수 있다.

좀비 정전을 구성하는 중요한 요소는 구성주의적 성향을 띤다. 문화 비평가가 말하듯이, 좀비 영화에서 공포는 구울 한 명이 아닌, 그들 사회가 끊임없이 확대되어간다는 데서 생긴다.[6] 다시 말해, 공포는 엄청나게 많은 인간이 언데드처럼 살게 될 때 증가한다. 비슷한 방식으로 좀비 영화는 구울과 인간의 정체성 차이에 대해 집요하게 의문을 제기한다.

이런 질문 때문에 인간 주인공은 상당한 불안을 느끼고 때로는 악몽을 꾸곤 한다.

좀비 장르에 대한 최근 연구에 따르면, "그렇게 많은 좀비 영화에서 주목할 만한 점은 감염을 야기한 전염병·사고·외계인 침공에서 살아남은 사람이 좀비와 구별되는 행동을 거의 하지 않는다는 데 있다. 이는 '네가 그러니 나도 그래'와 아주 비슷한 경우다."[7] 조지 로메로가 만든 영화에서도 등장인물은 살아 있는 사람과 언데드의 유사성을 언급하지 않고는 넘어가지 못한다. 〈살아 있는 시체들의 밤〉에 나오는 좀비와 좀비를 사냥하는 민병대의 행동은 서로 거의 구별되지 않는다. 〈새벽의 저주〉와 〈시체들의 낮〉에서 모두, 등장인물은 좀비에 대해 이야기하면서 이렇게 단언한다. "그들은 우리야."

사회적 구성주의가 다른 패러다임보다 되살아난 시체와 같은 초자연적 현상에 대처할 준비가 더 잘되어 있다고 주장하는 사람도 있을 수 있다. 앞서 말했듯이, 구성주의자는 UFO와 같은 다른 초자연적 행위자와 씨름해왔다. 그러나 이전에 나온 이론적 주장을 좀비 문제에도 적용할 수 있을지에 대해서는 논란의 여지가 있다. 예를 들어, 지구 밖에 존재하는 외계인을 공식 부인한 데에 대해 알렉산더 웬트

Alaxander Wendt와 레이먼드 듀발Raymond Duvall이 구성주의 입장에서 한 설명은 이런 외계인이 인간보다 우월한 기술을 보유하고 있다는 견해를 전제로 하고 있다.[8] 외계인이 가진 기술적 우월성은 인간의 세계관이 가진 인간 중심적 성향에 방해가 된다. 따라서 UFO는 인정되지 않는다. UFO에 대한 어떤 공식적 승인도 '호모사피엔스'가 가진 지구에 대한 영유권을 위태롭게 하기 때문이다. 좀비는 이미 죽어 있다는 점에서 인간보다 비교우위에 있지만 기술적 역량에서는 인간보다 훨씬 수준이 떨어진다. 실제로 웬트와 듀발의 주장을 뱀파이어나 유령이나 엘비스 프레슬리나 네스 호에 사는 괴물에까지 확대해서 적용할 수는 없다. 하물며 좀비에 대해서라면 말할 것도 없다. 유감스럽지만 이런 UFO에 특화된 종류의 구성주의를 확대, 적용해보려는 시도는 이론상의 막다른 골목에 다다를 것이다.

그렇다 해도 구성주의적 패러다임은 일정 부분 유용한 예측과 정책 제안을 제공한다. 언데드라는 외부적 충격을 맞닥뜨리면 구성주의자는, 좀비는 인간이 하기 나름이라고 주장할 게 틀림없다.[9] 말하자면, 좀비에 대한 반응으로 여러 가지 자생적 규범emergent norms이 있을 수 있다. 한 가지 가능한 결과가 홉스가 말한 '죽이느냐, 죽느냐kill or be killed'

시나리오다. 이런 시나리오에서 인간은 살아 있는 시체뿐 아니라 인간끼리도 서로 공격한다. 어떤 연구에 따르면[10] 좀비 정전 대부분에서 그렇듯이, 살아 있는 시체가 출현한 데 대한 자연스러운 반응은 말 그대로 공포다. 이런 공포가 진정한 무정부 상태를 낳는다.

대신 구성주의자 대부분은 국가가 좀비 위협에 맞서 싸우기 위해 주권과 자원을 공유하는 칸트적인 '다원적 반좀비 안보 공동체pluralistic counter-zombie security community'를 이룰 가능성이 더 높다고 가정한다.[11] 사람들이 인재人災와 자연재해에 어떻게 반응하는지 연구한 실증적 자료는 조지 로메로 감독이 만든 모든 작품에서 보여준 예측보다 그런 안보 공동체가 탄생할 가능성이 높다는 걸 짐작케 한다.[12] 레베카 솔닛Rebecca Solnit은 이렇게 말한다.

> 지진이나 폭격이나 큰 폭풍이 발생하면 그 결과로 사람들은 이타적이 되어, 자신과 주변 사람, 친구와 가족은 물론, 낯선 타인과 이웃을 돌보는 일에 신속히 뛰어든다. 재난이 발생했을 때, 이기적이 되거나 공황에 빠지거나 야만적으로 퇴행하는 인간의 이미지는 사실과는 거리가 멀다.[13]

더욱이 인류학 연구에 따르면 극단적으로 자원이 부족한 경우에만 인간은 서로를 공격한다는 걸 알 수 있다.[14]

이런 주장은 식인 구울이 재난을 일으킨 원흉인 경우에 한층 더 설득력을 갖는다. 좀비가 처음에는 어떤 존재론적 안전감을 낳을지도 모른다. 그러나 시간이 지나면 좀비가 가하는 무자비한 위협이 인간에게 더 강한 집단적 정체감을 갖게 할 게 틀림없다. 인간은 살아 있는 사람의 내장을 먹어 치우고 싶은 충동을 갖고 있지 않으니까 말이다.[15] 이렇게 정체성을 공유하면 결국 훨씬 더 큰 존재론적 안전감이 생길 게 틀림없다. 실제로 일부 구성주의자의 눈에 좀비가 야기하는 실존적 위기감은 민족주의적 분열을 타파하고 세계국가world state를 탄생시키는 데 필요한 외부적 충격exogenous shock일 수도 있다.[16]

주요 행위자가 좀비에 대응하는 다원적 안보 공동체를 탄생시키는 방향으로 나아가도록 유도하기 위해 구성주의자는, 논란의 여지는 많으나 구체적인 정책 제안을 내놓을 것이다. 첫 번째 선제 조치는 이제까지 나온 거의 모든 좀비 영화를 사본까지 하나도 남김없이 폐기하는 게 될 것이다. 의도적이든 의도적이지 않든 구성주의자는 좀비 이야기에서 일관되게 말하고 있는 내용이 사회적으로 '종말론 신화'

를 구축한다고 주장한다. 프랭크 푸레디Frank Furedi는 이렇게 말한다. "크든 작든 재난의 경험은 일반 대중의 문화적 상상을 매개로 실현되는 사회적 현상이다."[17] 공황, 재난, 대혼란을 암시하는 문화적 이야기cultural narratives는 현실에 영향을 미친다.[18] 시체가 살아나는 게 공황과 디스토피아를 불러올 거라고 모든 사람이 예상한다면 이런 잘못된 인식이 잘못된 결과를 실제로 구현할 가능성이 크다. 좀비 정전은 이전투구가 벌어지는, 또는 사람들끼리 먹고 먹히는 좀비 종말론을 강조한다. 이런 이미지는 엘리트 계층과 일반 대중 모두의 인식에 깊이 뿌리박힐 수 있다. 적어도 안보 기관만큼은 식인 구울에 굴하지 않고 회복력을 발휘하는, 상쇄 효과가 있는 이야기에 보조금을 지원해야만 한다. 우연찮게 맥스 브룩스가 쓴 소설 《세계대전Z》에서 볼 수 있는 것처럼 말이다.

두 번째 정책 제안은 좀비를 사회화해 인간 문화에 편입시키는 게 될 것이다. 젠 웹Jen Webb과 샘 버나드Sam Bymard는, "좀비는 사회적으로 고립된 존재가 아니다. 그들은 인공적 사회 환경 안에서 무리 지어 사는 걸 선호하는 듯하다"[19]라고 말한다. 로메로 감독이 만든 〈시체들의 낮〉에서 로건 박사는 좀비가 '가장 기초적인 사회적 행동의 조짐'을 보여주므로, 인간 사회가 그들을 사회화할 수 있는 가능성이 있다는 뜻을 내비친다. 버브를 '훈련'시키려고 했을 때 그들이 목표로 삼은 점이 바로 이거였을 것이다. 마찬가지로 에드가 라이트가 만든 〈새벽의 황당한 저주〉 끝 부분에 나오는 몽타주 영상에서는 영국 사회가 남아 있는 좀비를 사회에 재통합하는 방식을 보여준다. 퀴즈 프로 출연자, 주간 토크쇼 초대 손님, 슈퍼마켓 점원, 비디오 게임 상대 등으로 말이다. 이런 방식은 구성주의 학파 연구자가 주창하는 사회화 노력과 궤를 같이한다. 언데드가 다시 인간이 된 것처럼 행동하는 법을 배우면 구성주의자는 그들이 식인 구울로서의 정체성을 포기했다고 단정지을 것이다.

이런 정책 제안에서는 일단 좀비가 지상에 출현하면 손 쓸 수 없게 급증해버리기 전에 인류가 그들을 사회화할 수 있다고 가정한다. 그러나 만약 임계량에 도달하는 식인 구울이 나타난다면 구성주의 패러다임에서는 매우 다른 예측을 내놓을 것이다. 구성주의자는 살아 있는 시체가 만연하면 갑작스러운 '규범의 연쇄적인 확산norm cascade'을 낳을 거라 예측한다.[20] 규범의 연쇄적 확산은 또래 압력peer pressure처럼 작용한다. 다른 사람들이 특정한 행위 규범을 충실히 지키는 걸 목격하면 그들도 그 행위 규범을 따를 가능성이 더 높기 때문이다. 더 많은 사람이 언데드로 변할수록 남아 있는 사람은 좀비의 습성을 따라야 한다는, 상당한 물리적·사회적 압력을 점점 더 많이 느낄 것이다.

이런 순응 밈conformity meme, '밈' 유전자처럼 재현과 모방을 거듭하며 이어지는 사회의 관습·문화-역주은 좀비 정전에 뻔질나게 등장한다. 《세계대전Z》에서 브룩스는 자기들이 마치 좀비라도 된 듯 행동하는 인간 '부역자quisling'가 있다고 언급했다. 한 등장인물은 이들을 이렇게 묘사했다. "이 사람들은 좀비였어요. 육체적으로는 아닐지 몰라도 정신적으로는 좀비와 차이가 없었죠."[21] 〈새벽의 황당한 저주〉에서 주인공들은 좀비 무리에 섞여 들어가기 위해 발을 질질 끌며 뒤뚱뒤뚱 걷는 법과 끙끙대는 신음을 연습한다. 루벤 플라이셔가 만든 〈좀비랜드〉에서 빌 머레이는 밤에 외출하기 위해 좀비 분장을 한다. 인간이 오로지 살아남기 위한 목적으로 좀비 규범을 따르는 거라 하더라도, 시간이 흐르면 이런 행동이 그들의 정체성을 구성하는 요소가 될 수 있다.

규범은 그런 관습의 수가 훨씬 많고, 고유한 매력과 결합했을 때 일반적으로 용인된다. 살아 있는 사람의 살을 먹는 행위가 매력적이라는 생각은 쉽게 무시해버릴 수 있을지 모르지만 좀비의 생활 방식을 구성하는 다른 요소는 많은 사

대학생과 좀비의 생활 방식은 무서울 정도로 비슷하다.

람에게 매력적으로 다가갈지도 모른다. 살아 있는 시체는 목욕을 하거나 수염을 깎거나 옷을 갈아입을 필요가 없다고 느낀다. 자기 종족 사람을 외모로 판단하지도 않는다. 좀비는 인종, 피부색, 종파, 민족성, 성적 지향 등을 기준으로 남을 차별하지도 않는다. 대규모로 무리 지어 시간을 보내며, 극단적으로 친환경적인 생활을 한다. 좀비는 어디든 걸어만 다니고, 유기농 식품만 먹으니까 말이다. 이런 묘사는 사회에서 변혁을 주도하는 세력인 평범한 대학생 특유의 생활 방식 대부분을 정확하게 표현하고 있다. 좀비는 연성 권력soft power, 무력에 기대지 않고 간접적이고 무형적인 영향력에 바탕을 두고 발휘하는 힘-역주을 잠재적으로 갖고 있어서, 좀비가 원하는 것을 인간이 원하게 만들 수 있는 능력을 갖고 있을지도 모른다.[22] 문화를 선도하는 이런 사람들이 좀비가 살아가는 방식을 받아들인다면 나머지 생존자는 결국 모든 좀비 규범을 알아서 익히게 될 것이다. 나직하게 그르렁대는 신음, 발을 질질 끌며 뒤뚱대며 걷는 걸음걸이, 시체 썩는 냄새 풍기기 등을 말이다. 마침내 사회화된 인간과 좀비 모두가 마음을 바꾸지 않고 버티는 인간의 살을 먹고 싶어 하게 될 것이다. 이런 점에서 좀비의 범주는 되살아난 시체에만 국한되지 않을 것이다. 사회적 구성체social construct도 여기 포함될 테니 말이다.

DOMES[TIC]
POLITIC[S:]
ALL ZON[ING]
POLITIC[S]
LOCAL?

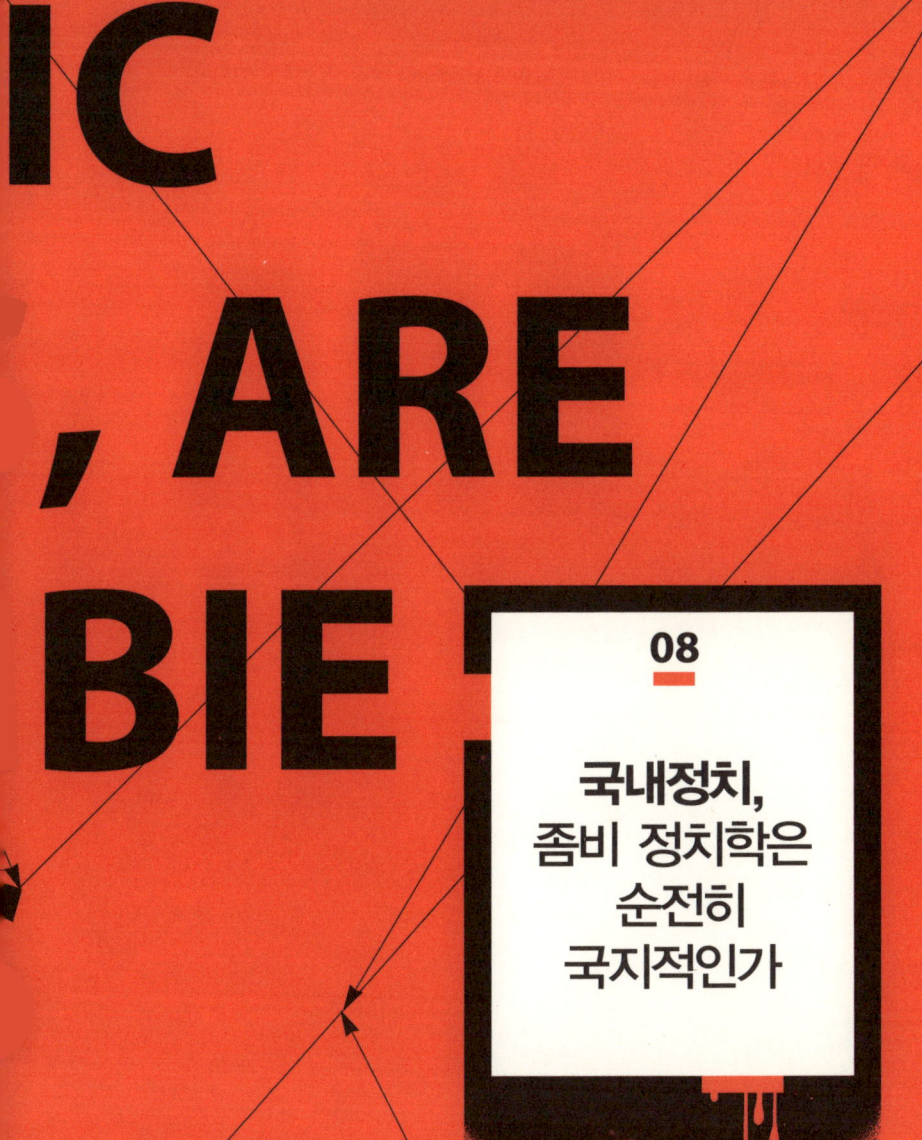

08

국내정치, 좀비 정치학은 순전히 국지적인가

앞서 논의한 국제관계학 패러다임은 여전히 본래 체계적systemic이다.* 그들이 세계정치의 변동 요인과 그에 대한 설명에서 근거로 삼는 건 국가와 그 외 전 세계 행위자의 상호작용이다. 명쾌하긴 하지만 체계적 접근법은 국내정치라는 범위 내에서 벌어지는 보다 미세한 권력 투쟁은 놓칠지도 모른다. 국내 기관의 구조나 여론 양상이나 기세등등한 이익 단체가 가하는 압력이 다양한 외교정책과 국내 안보 방

*이때 키워드는 '본래'다. 자유주의적·현실주의적·구성주의적 패러다임은 기원이 철저히 체계적systemic이라고 주장할지도 모르지만, 모두 특정 시점에 가서는 두 번째 이미지second image, 즉 국내정치와, 첫 번째 이미지first image, 즉 개인을 조금이라도 건드리게 된다.

안에 영향을 미칠 수 있다. 최소한 자국 내 압력은 외교정책 지도자가 다른 행위자와 협상을 벌일 때 취하는 입장에 강력한 제약을 가할 수 있다.[1]

그러나 '두 번째 이미지'의 접근법이 포함하는 개념적 난관은 절약 부족lack of parsimony, 사물을 설명할 때는 가능한 한 가정이 적어야 한다는 원칙-역주이다. 국내의 기관·문화·태도가 나라마다 다르다 보니, 국경을 초월해 차이를 좁히기가 어려워진다. 예를 들어, 미국 영화에서 나타나는 좀비에 대한 반응과 에드가 라이트 감독이 〈새벽의 황당한 저주〉에서 보여주는 반응을 비교하고 대조해보자. 미국인은 훨씬 노골적인 반응을 드러내고, 훨씬 자주 욕설을 하고, 친구가 물리면 재빨리 공격적으로 반응하는 경향이 있다. 영국인은 절제된 행동을 하는 경향을 보인다. 좀비에게 물린 사람은 걱정을 끼칠까 두려워 물린 사실을 동료에게 알리지 않는다. 영국과 미국이 살아 있는 시체에 반응하는 것이 이렇게 다른데 인도, 러시아, 중국 등 다양한 나라가 보이는 반응이 서로 얼마나 다를지 상상해보라.

각 나라의 국내정치에서 나타나는 이질성을 포착한, 논리적이고 절약적인 이론을 만들어내는 건 어려운 일이다.[2] 이런 문제를 덜기 위해 이번 장에서는 주로 미국 국내정치에 초점을 맞출 작정이다. 미국은 연방 정부가 사회적 이해관계자에게 영향을 받기 쉽다는 점에서 '약한' 정책 입안 국가로 알려져 있다.³ 따라서 국내 의견과 이해관계, 기관이 미치는 영향이 미국에서 가장 두드러지게 나타날 게 틀림없기 때문에 관찰이 더 쉽다.

국내정치는 모든 차원에서 좀비 출현에 대한 국제적 정책 대응에 중요한 영향을 미칠까? 언뜻 보면 국내 기관은 행정부 외에는 좀비 문제에 중요하지 않은 것 같다. 살아 있는 시체가 출현하면 국토 안보에 즉각적인 위협이 된다. 그런 즉각적인 위협에 직면하면 행정부는 모든 정책 수단policy lever을 장악한다. 대통령은 무력행사를 지시하고, 주州 방위군을 소집하고, 다른 나라와 교섭을 벌이는 일 등을 한다. 좋든 싫든 입법부와 사법부처럼 서로 견제하는 기관은 재난 시 실시간 정책 수립과 위기 관리 과정 내내 아주 미미한 역할만 할 뿐이다.⁴ 분점 정부divided government, 대통령제 국가에서 의회 내 의석수 비율이 여당 의원 수가 야당 의원 수보다 적어서, 정국을 행정부와 여당이 아닌 야당이 주도하는 정치 상황-역주여서 야당이 의회에서 압도적인 다수를 차지한다면, 시간이 갈수록 행정부가 가진 정책적 자율성에 입법부가 제약을 가할 수 있다. 그러나 의회의 영향력을 강조하는 학자조차도, 사실 세계적 위기가 행정부의 자율성을 일시적으로 강화하는 역할을 한다는 걸 인정한다.[5] 식인 좀비는 분명 그런 위급 상황을 만드는 요인으로 간주될 것이다.

이론적으로는 여론도 행정 조치에 직접적인 제약을 가하지 못할 것이다. 최소한 좀비 비상 사태에 대한 초기 반응으로 결집효과rally round the flag, 세계적인 위기나 전쟁 때 일시적으로 대중이 정부에 큰 힘을 실어주는 효과-역주가 나타날 거라고 예상해볼 수 있다.[6] 국내에서 위기가 발생하면 국민은 애국심을 발휘하며 그들의 지도자를 강력하게 지지할 것이다. 이런 효과는 오래 지속될지도 모른다. 여론 연구에 따르면 미국인은 국가 안보에 닥친 위협이 심각하지만 이에 맞서 승리할 수 있다고 믿는 경우에는 기꺼이 인명 손실과 비용을 감수할 것이다.[7] 반좀비 대응이 초기에 충분히 강력하다면 유권자가 지도자에게 훨씬 큰 정치적 지지로 보답할 거라고 예상할 수 있다.[8]

그러나 시간이 흐를수록 민심이 반좀비 정책에 중대한 제약을 가할지도 모른다. 학자들은 애덤 스미스 이래로 대중이 지역적 현안을 외국인이 겪는 곤경보다 훨씬 더 중요하게 여길 거라고 주장했다.[9] 그가 쓴《도덕감정론Theory of Moral Sentiments》3권 3장에 나오는, 현재에도 중요한 의미를 가진 대목을 우리 목적에 맞게 고쳐 쓰면 다음과 같다.

수많은 거주민이 살고 있는 대제국 중국을 갑자기 언데드 전염병이 덮쳤다고 가정해보자. 그 후에 이 지역과 어떤 연고도 없는, 유럽에 사는 한 인정 많은 남자가 무시무시한 재난 소식을 접하고 영향을 받았다고 생각해보자. 내가 추측하기에는 무엇보다 먼저 그는 거기 사는 불쌍한 사람들이 겪고 있을 불행에 대해 아주 큰 슬픔을 드러내고 내일을 기약할 수 없는 사람의 운명에 대해 갖가지 우울한 생각을 숱하게 떠올릴 것이다. 목숨이 다한 후에도 살아 있는 언데드라는 존재가 얼마나 부정不淨한지에 대해서도 말이다. 또 아마도, 그가 생각하기 좋아하는 사람이라면 이런 재난이 유럽 산업, 세계 무역, 상거래 전반에 미칠 영향 등 다양한 추론을 시작할 것이다. 그래서 이런 모든 고상한 성찰이 끝나고 모든 인간적인 감정을 일단 적당히 표현하고 나면, 그는 자기 일이나 쾌락에 빠져들어 휴식을 취하거나 주의를 딴 데로 돌릴 것이다. 아주 쉽고 냉정하게, 마치 그런 사건이 전혀 일어난 적도 없다는 듯 말이다. 자신에게 닥칠 수 있는 아주 사소한 불운에도 진정 불안해 할 것이다. 내일 새끼손가락을 잃게 된다면 그는 오늘 밤 잠을 이루지 못할 것이다. 그러나 그가 직접 눈으로 보지 않는 이상, 중국 좀비 수억 명이 가져올 파멸에 대해서는 전혀 걱정 없이, 완벽하게 안심한 채 코를 골며 잠들 것이다. 그는 어마어마한 수의 언데드라도 자기 자신에게 일어나는 작은 불운보다 분명 관심을 덜 가질 것이다. 그러나 자기 손가락이 식인 구울에게 물어 뜯긴다면 얘기는 완전히 달라진다.

따라서 좀비 문제와 싸우는 어떤 활동도 자국 내에서 이뤄지는 강력한 반좀비 활동과 긴밀히 연계되어야만 한다. 이 활동이 성공하더라도, 해외 군사작전에 대중이 보내는 지지를 현저히 감소시키는 '좀비 피로증zombie fatigue'을 예상해볼 수 있다.* 시간이 지나면 수많은 생명과 재산을 대가로 치르는 먼 타국 땅에서 벌이는 군사행동에 대해 민심이 돌아설 가능성이 있다. 군사행동이 외교정책상 어떤 이득을 가져다준다 해도 마찬가지일 것이다. 최근의 여론 자

*대중이 자기 나라에 사는, 좀비가 만연한 국가 출신 국민에게 적대감을 보일 거라는 예상이 가능하다.

료가 제시하듯이, 오랜 기간 지속된 군사적 충돌과 심각한 경기 침체가 맞물리면 미국민의 고립주의를 증가시킬 수 있다.[10] 가장 카리스마 있는 대통령일지라도 반감에 찬 미국 대중을 '선거운동용 악수press the flesh' 전략으로 대처하는 데는 한계가 있을 것이다.

이익 단체는 국가에서 취하는 국내외의 반좀비 정책에 다양한 방식으로 영향을 미칠 수 있다. 살아 있는 시체의 박멸을 막는 것으로 큰 이득을 볼 단체도 있다. 좀비를 공격하는 모든 행위를 저지하는 데 가장 직접적인 이해관계가 걸려 있는 행위자는 바로 좀비에게 물린 사람과 그들의 친척이다. 좀비에게 물리는 순간 사람들은 당연히 좀비로 변하고 말 것이다. 이 사실이 사람들의 선택을 극단적으로 바꿔놓을 수 있다. 이런 심경의 변화는 많은 좀비 영화에서 일어난다. 조지 로메로가 만든 〈랜드 오브 데드Land of the Dead〉 2005에서 '촐로Cholo'라는 등장인물은 영화의 초반에서는 극단적으로 과격한 반좀비 입장을 고수한다. 그러나 좀비에게 물리고 난 후에는 "자기와 다른 나머지 사람이 어떻게 살아가는지 알아보고" 싶다고 결심한다. 피터 잭슨이 만든 〈데드 얼라이브〉에서도, 로메로가 만든 〈새벽의 저주〉와 〈서바이벌 오브 데드Survival of the Dead〉 2010에서도 그렇듯이, 가족은 언데드가 된 친척이 보안군 및 준군사 조직에게 발각되지 않도록 계속 숨긴다.

머지않아 구울로 변할 사람과 그 사람의 친척이 정책 시행을 방해할 수 있다는 건 틀림없는 사실이다. 역설적으로, 초기 대응에 실패하면 국가는 더 극단적인 대응을 할 수밖에 없다. 그래서 결국 국민의 더 큰 반발을 불러일으킬 것이다. 로메로 감독이 만든 〈새벽의 저주〉에서 좀비 문제가 통제 불가능하게 흘러가는 이유 하나는 정부가 시행하는 가혹한 조치와 제안에 국민이 반감을 가지기 때문이라고 암시한다. 계엄령 그리고 집을 버리고 떠나게 하는 것, 사랑하는 가족을 뜯어먹는 언데드 친척을 몰살시키는 것 등에 대해 말이다.

곧 언데드로 변할 사람과 친척이 정책 시행에 훼방을 놓을지는 모르지만 이들은 너무나 파편화되어 있고, 단발성 집단이라 정책 입안에 직접적으로 영향을 미칠 수는 없다. 방위산업체는 전적으로 이와는 다른 문제다. 이들은 좀비와 싸우는 데 투입할 자원의 배분에 중대한 이해관계가 걸려 있다. 긴밀하게 협력하는 단일한 좀비 산업 복합체zombie-industrial complex라는 발상에는 믿음이 가질 않지만 보안 분야에 속한 일부 기업은 좀비를 군사적으로 이용하는 데 흥미를 느낄 게 틀림없다. 많은 경우에, 즉 〈바탈리언〉댄 오배넌, 1985 〈플래닛 테러〉로버트 로드리게스, 2007 〈좀비 스트리퍼〉제이 리, 2008와 〈레지던트 이블〉 시리즈 같은 영화에서는 이런 기업이야말로 좀비 문제의 창시자나 다름없다. 민간 기업이 언데드가 불러온 위기의 원인까지는 아니라 하더라도, 죽은 인간의 되살아난 생체 조직이 가져다준 연구와 개발 기회를 활용하는 데 흥미를 가질 게 틀림없다.

자본에 대한 국가의 구조적 의존성은 좀비 문제가 지속된다면 이들 기업이 좀비에 대한 국가의 적응 및 완화 전략에 보다 심각한 제약을 가할 수도 있음을 시사한다.[11] 기업은 안전 보장 역할을 민간 하청 업체에게 아웃소싱 하라고 국가에 맹렬한 압력을 가할 것이다. 물론 그들에게 유리한 계약 조건으로 말이다.[12] 전통적으로 수익성이 큰 군사 계약을 없애버리려 하면 격렬한 반발이 뒤따를 것이다. 제약회사는 언데드의 치료법과 백신 개발에 들어가는 엄청난 보조금을 타내기 위한 로비에 나설 것이다. 의학적으로 가망 없는 치료라 해도 말이다. 방위산업체는 포획한 구울을 대규모 공공 수용 시설에 집어넣고 실험할 수 있도록 해주는 편에 서서 박멸 전략에 반대할 것이다. 각기 다른 나라에 본사를 두고 있는 여러 기업이 어떤 똑같은 접근법을 채택한다면 국가 간 신뢰를 붕괴시키는 상황을 초래할 수도 있다. 국내에서는 다원론자가 가하는 압력이 인육을 한입거리로 삼는 구울을 막기 위한 다국적 노력을 방해할 수도 있다.[13]

이 같은 국내 정세에서 나온 정책 제안policy recommendation은 상대적으로 단도직입적이다. 좀비 공격에 대한 초기 정책 대응이 가장 중요한 건 분명하다. 이런 대책에 대해 국내에서 가하는 압력이 가장 약할 때가 이때이기 때문이다. 국가가 초기에 명쾌하고 일관성 있고 타당한 정책적 조치를 마련할 수 있다면 정책적 자율성에 대한 국내 압력은 틀림없이 약하다. 부차적 방안으로 국가는 선전 활동과 기타 전략을 이용해서 결집 효과rally-round-the-flag를 가능한 한 오래 유지시키려 한다.

그러나 초기 정책에 오류가 있거나, 좀비 친척의 반발이 있거나, 언데드 섬멸에 후방의 지원이 난관에 처해 있거나 해서 좀비 문제가 지속된다면 국내정치가 세계 정책을 확실히 실현시키는 데 갈수록 더 중요한 역할을 할 것이다. 입법부가 서서히 더 큰 목소리를 낼 것이고, 이익 단체는 정책 대안에 제약을 가할 것이고, 국민은 살아 있는 시체라는 골칫거리를 제거하기 위한 광범위한 군사작전에 점점 더 반대하게 될 것이다. 이런 결과가 광범위한 나라에서 나타난다면 언데드와 싸우려는 의미 있는 국제 공조를 목적으로 하는 협상은 천천히 힘을 잃을 것이다.

BUREAU
POLITIC
THE 'PULL
HAULING'
ZOMBIES

CRATIC
NG AND
OF

09

관료정치,
좀비
'밀고 당기기'

앞서 언급한 패러다임은 모두 암묵적으로 한 가지 공통적인 가정을 하고 있다. 즉 국제기구와 국가 안보 기관이 시체가 되살아나기 시작할 때 민첩하고 노련하게 행동에 나선다는 것이다.

이런 가정은 이론의 여지가 없는 주장은 아니다. 국제기구는 애초의 설립 취지를 이행하는 데 실패할 때가 많다. 정치적 결정과 정책 표류policy drift 때문에 이런 기구는 금세 기능장애 상태에 빠질 수도 있다.[1] 국내 기관도 같은 문제에 시달린다.[2] 관료정치에 대한 대표적 연구는 외교정책과 안보 정책이 각기 다른 의제를 가진 다양한 기관끼리 벌이는 '밀고 당기기pulling and hauling'의 소산이라는 모형을 만들었다.[3] 다른 조직 이론 연구자는, 정치 기구는 '조직화된 무정부 상태organized anarchies'와 유사하다고 주장했다. 즉 자신이 만든 해결책을 퍼뜨리고 다니는 관료적 기업가bureaucratic entrepreneurs, 정책을 집행하는 관료가 정책 과정 전반을 주도하고 결정권을 행사하는 관료 유형으로 정책 결정권자는 명목상 결정권을 갖고 있으나 실제로는 집행자가 만든 목표와 정책을 따른다-역주가 해결책보다는 문제를 찾아다니고 있다고 말이다.[4] 많은 정치학자의 주장에 따르면 입법부부터 행정부에 이르는 정치 행위자는 정치적 지배권을 계속 보유하기 위해 관료제의 역량을 약화시킬 것이다.[5] 그런 상황이 초래하는 결과는 이상적인 상황과는 일반적으로 거리가 멀다.

개개의 관료제 내에서는 조직 문화가 새로운 환경의 유연성과 적응력에 제약을 가할 수 있다. 모든 정부 기관은 표준 처리 절차standard operating procedure, 즉 SOP를 개발해서 관례적인 문제를 효율적으로 처리한다.[6] 그러나 이런 SOP는 관료제가 새로운 위협과 도전에 적응하는 데 제약이 된다. 미국 안보국과 정보국이 9.11 테러 이후 자체적인 개혁에 실패함으로써 관료정치와 조직 문화가 정책 수립에 안길 수 있는 심각한 어려움을 확실하게 보여줬다.[7] 정부 기관끼리 일으키는 충돌과 조직 병리가 효과적인 대테러 정책에 방해가 된다면 이것이 반좀비 정책에는 어떤 영향을 미칠지

정부 기관의 영역 다툼은
어느 모로 보나 살벌하기 그지없다.

상상해보라. 정부 기관의 영역 다툼은 어느 모로 보나 살벌하기 그지없다.

언데드 폭동을 진압하기 위해서는 관계 부처 간에 상당한 협조가 반드시 필요하다. 미국에서는 국무부, 국방부, 법무부, 국토안보부, 교통부, 보건복지부가 중요한 역할을 할 거라 예상할 수 있다. 미 연방재난관리청Federal Emergency Management Agency, 환경보호청Environmental Protection Agency, 식품의약청Food Drug Administration 질병통제센터Centers for Disease Control and Prevention와 수많은 정보부처럼 독립적이거나 반독립적인 정부 기관은 여기에 포함되지 않는다. 10년 전에 앤서니 코즈만Anthony Cordesman은 마흔네 개 연방 정부 부서가 바이오테러와의 전쟁에 관여한다고 추산했다. 현재도 비슷한 수가 참여할 거라고 가정해도 무방하다.[8] 정규군과 주 방위군 병력, 지역 경찰과 긴급 구조대 간 협력도 필수적일 것이다. 현대적 관료제를 갖춘 다른 나라도 비슷한 협력 문제에 직면할 것이다.

관료제가 언데드 집단에 적응할 수 있을지는 아직 결론이 나지 않았다. 좀비 정전은 언데드 같은 절체절명의 문제에 대처할 수 있는 능력이 어리석은 관료에게 있을지 매우 회의적이다. 예를 들어 브라이언 키니Brian Keene가 쓴 소설 《폭동The Rising》2003에서 미국 정부는 곧바로 무너지고 만다. 이런 사태를 불러온 기폭제 중 하나는 비밀 경호국Secret Service이 표준 처리 절차standard operating procedure를 바꾸는 데 어려움을 겪었기 때문이다. 대통령이 좀비로 변한 후에 국무 장관을 잡아먹기 시작하자 '비밀 경호국 요원 한 명이 권총을 빼들어 언데드로 변한 대통령에게 총구를 겨눴고, 그래서 두 번째 요원이 바로 이 요원을 쏴버렸다.'[9] 관료가 선호하는 것을 추측해보려 할 때, 누군가가 어느 편인지는 그가 누구를 잡아먹는지에 달려 있다.

실제로 현존하는 모든 좀비 이야기에서 공통적으로 나타나는 한 가지 특성은 관료가 드러내는 역량 부족과 무기력함이다. 조지 로메로가 감독한 〈살아 있는 시체들의 밤〉에서 당국은 대중에게 모순된 정보를 제공한다. 처음에는 사람들에게 집에 머물러 있으라고 했다가, 나중에는 말을 바꿔 응급센터로 가라고 권한다. 군 관계자와 과학자는 되살아난 시체가 왜 사람을 잡아먹으려고 하는지를 두고 카메라 앞에서 언쟁을 벌인다. 로메로가 만든 〈새벽의 저주〉에서 공동 주택 건물을 급습한 경찰 특공대의 미숙한 작전 수행으로 민간인과 경찰관이 모두 개죽음을 당한다. 보안 기관 내에서 일어나는 기관원의 대량 이탈과 부대 간 결속력 와해는 로메로 영화에서 반복되는 주제다. 〈시체들의 낮〉에서는 군인과 과학자로 이루어진 특별 팀의 팀원들이 조직적 기능장애의 전형적인 예를 보여준다. 군 간부는 사이코에 가깝고, 주인공인 민간인 과학자는 그보다 약간 더 나은 수준일 뿐이다. 〈시체들의 땅〉에서는 한 부대의 부대원들이 사기 행각을 벌이며 정치 지도자를 협박하는 짓을 저지른다. 〈시체들의 일기Diary of the Dead〉 2008에서 군대는 민간인이 비축한 양식을 훔쳐 먹을 때만 등장할 뿐이다. 공황의 사회학을 연구하는 학자조차도, "위기시에 관료 때문에 일어나는 문제만이 재난 영화가 유일하게 제대로 이해하는 것일지도 모른다"라고 인정한다.[10]

맥스 브룩스가 쓴 소설도 군과 민간 기관 양쪽이 다 좀비 출현 이후 큰 실수를 저지를 거라고 암시한다. 그가 쓴 소설 《세계대전Z》에서 초기에 구울을 확산시킨 한 가지 명백한 원인은 국가의 안보 기관이나 정보 기관의 윗선에 있는 관료가 좀비 출현이 '차원이 다른out of the box' 문제라고 인정하지 않았기 때문이다. 미군이 용커스 전투에서 좀비와 처음 대규모 교전을 벌일 때 택한 전술은 당시 상황에서 완벽하게 부적합한 것으로 드러난다. 브룩스는 조직 병리를 잘 압축해서 보여주는 어느 병사가 하는 말을 이렇게 전한다.

우리는 이런 정교한 사격 진지를 마련하느라 시간과 기운을 너무 많이 허비했어요. 훌륭한 '엄폐 및 은폐'라고 그들은 우리에게 말했죠. 엄폐와 은폐라뇨? '엄폐'는 소형 화기와 대포, 또는 공중투하되는 폭탄으로부터 몸을 보호하는 것, 즉 전통적인 의미의 보호를 말해요. 이제부터 우리가 맞서 싸워야할 적이 그런 거겠어요?

그건 그렇고, 대체 어떤 똑똑한 인간이 우리에게 방탄복을 입힐 생각을 했을까요? 지난번 전쟁에서는 충분히 보질 못했다고 언론이 들들 볶아대서? 도대체 살아 있는 시체랑 싸우는 데 헬멧이 왜 필요한데요?

계속 작전을 수행하기 위해선 포병대가 몇 차례나 포격을 해야 하는지 아무도 생각을 해보지 않았어요.

군에 있는 내내 무게 중심을 쏘라는 '훈련'을 받다가, 어느 날 갑자기 매번 머리를 맞춰 즉사시킬 수 있는 명사수로 변신할 수 있을 것 같아요?[11]

이런 말은 각 정치조직이 너무나 완벽하게 새로운 위협이 닥쳤을 때 필연적으로 겪게 마련인 어려움을 표현한 것이다. 정치와 표준 처리 절차standard operating procedure, 고착

된 사고방식은 이 같은 전략으로 좀비가 살아 있는 인간을 실컷 잡아먹는 것을 막지 못한다고 깨닫기 전까지는 위세를 떨칠 게 틀림없다.

브룩스는 초기작에서 군대의 조직적 역량과 문화에 영향을 미치는 또 다른 문제를 밝혀냈다. 이는 다름 아닌 불가피하게 겪게 되는 후방 지원과 사기 결여다. 《좀비 서바이벌 가이드》2003에는 "인간 무리와 달리 좀비 무리에게는 아무런 지원도 필요 없다"라고 하는 말이 나온다. "좀비에게는 식량도 탄약도 치료도 필요하지 않을 것이다. 사기 저하나 전쟁 신경증battle fatigue이나 리더십 부족으로 고통받지도 않을 것이다. 공황 상태나 탈영이나 심각한 하극상이 일어날 일도 없을 것이다."[12] 인간이 이끄는 안보 기관은 저런 문제에 틀림없이 직면할 것이다.

이 시점에서 자유주의자는 정부의 관료 조직이 지독하게 비효율적이고 무능하다는 신념에 확신을 가질 게 분명하다. 그러나 이런 이야기에서 보면 민간 부문에 속하는 단체 역시 마찬가지로 잘못된 처신을 한다는 데 유의해야 한다. 앞서 언급했듯이, 영리단체야말로 애초에 좀비를 출현케 한 주범일 때가 잦다. 〈새벽의 저주〉에서 한 방송국은 시청률을 유지하기 위해 더 이상은 쓸모가 없는 정보를 보도한다.

《세계대전Z》에서 기업가는 단기간에 이득을 얻기 위한 수단으로 엉터리 좀비 감염 치료제를 개발한다.

영화 〈레지던트 이블〉 시리즈에 등장하는 엄브렐라 기업은 좀비 정전에 나오는 전형적인 무능 기업이다. 이런 다국적 기업이 정치력을 가진 것은 확실하지만, 이들 기업의 조직적 역량은 대단히 의심스럽다. 〈레지던트 이블〉 시리즈에서 엄브렐라는 연구소의 보안을 말도 안 듣고 불안정한 인공지능 시스템으로 대체한다. 말단 직원은 기업 목표에 최소한의 역할만 한다. 고위 간부는 효과는 별로 없고, 의도했던 것보다 T-바이러스 확산만 훨씬 더 가속화시키는 결정을 줄줄이 내린다. 이런 일은 좀비 이야기에서는 드물게 엄브렐라가 언데드 전염병 치료제를 이미 보유하고 있는데도 일어난다. 엄브렐라가 유일하게 제대로 성공을 거두는 기업 행위는 주류 언론에 자기들이 한 짓을 감출 때뿐일 것이다.

식인 구울 때문에 조직은 천편일률적인 결정부터 파국적인 결정까지 내릴 것처럼 보인다. 그러나 조직적 관점이 이런 소견에서 멈출 리는 없다. 관료가 초기 단계에서 불가피하게 잘못된 조치를 내리더라도 실수가 계속 반복될 거라는 예측은 터무니없을 수 있다. 극심한 압박을 받거나 멸종 위기에 놓일 때 정부 관료는 적응하고 극복할 수 있다. 실제로 이런 가능성을 받아들이지 못하는 것이 좀비 정전의 큰 맹점이다. 인간이 좀비보다 더 빠르게 머리를 굴릴 줄 안다면, 장차 일어날 충돌에서 인간이 가진 가장 큰 비교 우위는 창의적 전술과 전략을 개발할 줄 아는 능력일 것이다. 롱런하는 좀비 이야기 다수가 좀비가 진화를 할 거라고 가정한다. 그러나 이상하게도 인간 개인과 조직이 어떻게 적응을 해나갈지 언급하는 이야기는 극소수에 불과하다.

《세계대전Z》에는 인간의 적응을 보여주는 가장 좋은 예가 나온다. 용커스 전투에서 일어난 재난 이후에 군은 정책을 바꾸기 시작한다. 주요국 정부는 지리적으로 확실한 안전지대를 손에 넣는 대규모 전략을 재빨리 채택한다. 그래서 미군은 로키 산맥 서쪽으로 퇴각한다. 신임 합동참모본부 의장은 군의 효율성을 극대화하기 위해 '자원 대비 살해 비율resource-to-killl ratio', 즉 RKR을 개발한다. 그렇게 하는 과정에서 명백히 손해를 보는 기관이 일부 생긴다.[13] 그러나 자원 부족에서 오는 압박이 수단을 합리화한다. 브룩스의 소설에서 한 등장인물은 여기에 대해 이렇게 설명한다.

RKR 문화가 사병 사이에 확실하게 자리 잡는 모습을

보고 정말 놀랐어요. 병사들이 거리에서, 술집에서, 기차에서 이런 이야기를 하는 게 들리더군요. '같은 값이면 Y를 열 개 가질 수도 있는데 뭣하러 X를 갖겠어. 그거면 Z를 100배 더 많이 죽일 수도 있는데' 하고 심지어 스스로 아이디어를 내놓기 시작해서, 이제까지 상상할 수 있었던 것보다 비용에 있어서 효율적인 도구를 발명해내기 시작하기도 했죠.[14]

따라서 조직적 관점은 정부 기관이 좀비 공격이 일어난 초기 단계에 잘못된 조치를 내리고 오류를 범할 거라고 예측할 것이다. 같은 관점이 이들 조직이 살아남아 번성하라는 생태학적 압력을 받은 결과, 적응과 임시변통을 낳을 거라고도 주장할 것이다. 그러나 이런 예측은 개연성에 근거를 두고 있다. 예를 들어, 후안 카를로스 프레스나디요가 만든 〈28주 후〉를 보면 나토 파견군은 분노 바이러스가 영국 국민을 초토화시킨 후에야 영국을 수복한다. 군 지휘관은 전염의 위험성을 충분히 인지하고 있는데도 불구하고, 바이러스가 다시 창궐하지 못하게 막는 임무에 굴욕적이리만치 실패한다.

이런 관점에서 내놓는 정책 제안policy recommendations은 단도직입적이어서, 주로 최악의 조직 병리와 영역 다툼을 피하려는 방법으로 이루어진다. 어느 기관이나 관료가 언데드를 무찌르는 방식에서 '주도권'을 가질지를 놓고 험악한 다툼이 벌어질 게 틀림없다. 중앙정부는 식인 구울이 국민을 우적우적 씹어먹기 시작한 후가 아니라 그러기 전에 식인 구울에 대처할 주관 기관을 지정해야만 한다. 예를 들어, 마이라 그랜트가 쓴《먹이》에서는 질병통제센터CDC가 주관 기관이 되어, 활동 과정에서 운영과 보안 역량을 꽤 많이 축적한다.

아마도 조직적 관점에서 가장 강력한 추천은 조직 내 위계질서를 깨뜨려서, 정보를 보다 손쉽게 입수할 수 있게 해주는 기술을 개발하라는 게 될 것이다. 네트워크화되어 있는 조직은 정보를 좀 더 빨리 수집하고 전파할 수 있는 능력이 있다. 국내외 기구가 보다 네트워크화된 제도에 의존한다면 관리자가 내놓은 언데드의 회복력에 대한 정보가 가능한 한 빨리 상부의 권력 집단에 이를 수 있다. 그러면 좀비 비상 사태에 빠른 대응을 촉진해서, 최적의 반좀비 전략 및 전술을 전 세계에 보급할 수 있을 것이다.[15]

이런 예측과 제안은 비극적 아이러니를 내포하고 있다. 국내정치가 반좀비 정책에 미치는 영향에 관해 했던 말을 떠올려보라. 즉 정부 기관이 처음에는 자유롭게 결정을 내릴 수 있을 테지만 시간이 지나면서 정치가 점점 더 강력한 제약을 가하게 될 거라는 사실을 말이다. 조직적 관점은 이와 정반대로 이야기한다. 즉 관료적 역량이 시간이 갈수록 향상될 거라고 말이다. 국내에서 가하는 정치적 압력과 관료정치 모두 정부 정책에 영향을 미치는 역할을 한다면 이 둘이 결합한 경우에는 두 배로 비참한 결과를 가져올 수도 있다. 이들 정부 기관이 나쁜 결정을 내릴 가능성이 가장 클 때가 가장 큰 자율성을 누릴 때다. 이들 정부 기관은 새로운 좀비 위기에 적응하기 전까지, 정책 시행을 방해할 수 있는 정치적 장애물에 직면할 것이다.

WE'RE C
HUMAN
PSYCHOL
RESPONS
UNDEAD

10

우리는
인간일 뿐이다,
언데드에 대한
심리학적 대응

좀비가 지능이 모자라다고 생각할 때가 많다. 그러나 인류가 오히려 새로운 좀비 위기에 당황하고 무지한 대응을 할 때가 많다는 데 유의해야 한다. 실제로 좀비 영화를 대충만 훑어봐도 영화는 등장인물이 하는 영문 모를, 또는 불합리해 보이는 행동을 강조한다. 에드가 라이트가 만든 〈새벽의 황당한 저주〉에서 주인공은 동네 술집에 가면 안전해질 수 있다고 우긴다. 인구가 조밀한 시가지에 있는데도 말이다. 루벤 플라이셔가 만든 〈좀비랜드〉에서 등장인물 일부는 디즈니풍 테마파크에는 좀비가 없을 거라는 이상한 확신을 갖는다. 조지 로메로가 만든 〈새벽의 저주〉에서 약탈을 일삼는 폭주족은 좀비에게 크림 파이를 던지며 공격한다. 그렇게 하면 좀비을 무력화시킬 수 있기라도 한 것처럼 말이다.

댄 오배넌이 만든 〈바탈리언〉에서는 좀비가 인간 배역 대부분보다 영리하다. 좀비 영화에서는 인간이 하는 어리석거나 도리어 문제를 키우는 행동이 적지 않게 등장한다.

하지만 그리 놀랄 일도 아니다. 좀비 출현은 신중한 행동에서 벗어나게 하는 공포, 혐오감, 반감, 불안 같은 강렬한 감정을 철저히 먹잇감으로 삼게끔 되어 있으니까 말이다.[1] 좀비는 인간과 유사하다는 점에서 가장 극단적인 '언캐니 밸리uncanny valley'를 유발한다. 즉 인간과 너무 비슷해서 즉각적인 혐오감과 반감을 불러일으킨다.[2] 좀비 확산은 사람들에게 가장 큰 불안과 근심을 일으킬 게 분명한 유행성 전염병의 구성 요소를 압축해서 보여준다. 위험을 유발한 원인이 새로운 것일수록 공포와 불신은 훨씬 더 심각한 결과를 낳는다. 에이즈나 사스SARS나 신종 플루H1N1에 대한 첫 반응을 관찰한 모든 연구가 보여주듯이 말이다.[3]

좀비에게 위협받는 상황에 나타나는 기본적 반응은 인간이 비정한 계산기가 될 수 없다는 사실을 암시한다. 합리적 선택론자의 가정과는 반대로 말이다. 사람은 누구나 감정에 휘둘리지 않는 합리적인 의사 결정자라면 보였을 행동 방식에서 벗어나게 만드는 두려움·결점·약점 등을 갖고 있다. 첫 번째 이미지first-image, 미국 정치학자 케네스 왈츠Kenneth Waltz가 주창한 전쟁을 일으키는 세 가지 원인, 즉 그가 '이미지들images'이라 지칭하는 분석 단계 중 첫 번째를 말하는데 그의 분석에 의하면 전쟁은 주로 국가 지도자 등의 특정 개인이 가진 성향이나 인간 본성 때문에 일어난다-역주의 이론가는 인간 행동에서 나타나는 이런 경향을 검토해서, 이것들이 세계정치에서 되풀이해서 발생하는 패턴으로 이어지는지를 알아본다.[4]

모든 인간은 살아 있는 시체가 일으키는 폭동에 대응하는 정책에 영향을 미칠지 모르는 고착된 인지적 특성을 갖고 있다. 아마도 이 중 가장 강력한 특성이 어떤 현상에 대한 새로운 정보를 처리할 때 나타나는 확증 편향confirmation bias, 자기가 가진 신념과 일치하는 정보는 받아들이고 그렇지 않은 정보는 무시하는 경향-역주이다.[5] 모든 사람은 이데올로기나 인지적 추단법cognitive heuristics, 스스로 정한 편리한 기준에 따라 일부 경우만을 고려해서 문제를 해결하는 법-역주이나 경험칙을 이용해서 세계가 어떻게 돌아가는지를 해석한다. 특이하거나 이례적인 사건을 맞닥뜨리면 대부분의 사람은 기존의 세계관에 부합하는 단편적인 정보에만 집중한다. 그들은 역사적 유사성을 행동 지침으로 삼을 것이다. 이런 유사성이 불완전하다 해도 말이다.[6] 그러는 동시에 자기 신념에 일치하지 않는 정보는 무시하거나 억누를 것이다. 갖고 있던 선입관이 철저한 정책적 실패만

낳고서야 대부분의 사람은 자기가 가진 세계관을 재고해볼 마음을 먹을 것이다.

실제로 확증 편향은 어째서 응급처치 요원이 초기 좀비 발생을 막는 데 실패할 가능성이 높은지를 설명하는 데 도움이 된다. 예방 조치를 위해서는 이들이 죽은 자가 다시 살아나고 있다는 결론을 반드시 내려주어야만 한다. 즉 대체로 로고스 중심주의문자언어보다 음성언어를 중시하는 태도-역주적 세계관과 정반대인 사실을 인정해주어야만 한다. 조나단 마베리는 이렇게 말한다. "좀비를, 질병을 옮기는 적대적 매개체disease-carrying hostile vector로 보고 그렇게 받아들여야 한다. 빨리 또는 쉽게 그렇게 되지는 않을 텐데 어쩌면 이 단계 내내 그러지 못할 수도 있다."[7] 맥스 브룩스는 이 점에 대해 훨씬 더 단호한 태도를 취한다. "어떤 유형의 국가라도 인간이 모인 집단에 지나지 않는다. 나머지 우리처럼 두려워하고 근시안적이고 오만하고 옹졸하고 일반적으로 무능한 인간 말이다. 그렇다면 어째서 인류 대부분이 그렇게 하지 못하는 상황에서, 국가라고 피에 굶주린 산송장의 공격을 기꺼이 인정하고 거기에 대처하려 하겠는가?"[8]

확증 편향 중에서도 국제관계에서 두드러지게 나타나는 종류가 기본적 귀인 오류fundamental attribution error, 무언가를 판단할 때 상황이나 맥락을 중시하지 않고 모두 내적인 이유로 돌리는 것-역주다. 다른 행위자의 행동을 해석할 때 사람들은 자기편과 적을 보통 다르게 대할 것이다.[9] 자기편이 긍정적인 행동을 하면 사람들은 이런 행동이 그 사람의 내적인 본성에서 기인한다고 생각할 것이다. 그러나 적이 건설적으로 행동하면 외부 환경의 압력에서 나온 결과라 여긴다. 억지로 선하게 행동할 수밖에 없었다고 말이다. 반대로, 자기편이 비생산적으로 행동한다면 외부 상황 때문에 선한 행위자가 나쁜 짓을 하지 않을 수 없었던 거라고 설명한다. 그렇지만 적이 같은 식으로 행동하면 그 사람이 본래 사악하기 때문이라고 본다.

의사 결정권자에게 공통적으로 나타나는 또 다른 행동 특성은 현 상황과 비교해서 이득이냐, 손해냐에 따라 다르게 행동하는 경향이다.[10] '합리적 선택 이론rational choice theory'은 사람들의 위험에 대한 태도가 일정불변하다고 가정한다. 그러나 전망 이론prospect theory, 위험이 따르는 방안 중에서 어떤 식으로 의사 결정을 하는지에 대한 이론으로 이 이론에 따르면 인간은 두 단계에 걸쳐 의사결정을 한다. 먼저 이득보다 손해에 민감하고, 손익분기점을 기준점으로 삼아 그보다 높은지 낮은지에 따라 이득과 손해 여부를 판단한다. 두 번째는 효용에 대한 평가로, 자기들의 전망이 보여주는 확률에 따라 행동한다-역주에 따르면 사람들은 이익을 보는 세계에서 움직일 때는 위험 회피

성향을 좀 더 보이며, 손해를 보는 세계에서 움직일 때는 위험을 감수하려는 성향을 좀 더 나타낸다. 몇 가지 수치로 된 예를 들어 다음과 같은 선택을 해야 하는 상황을 상상해보자.

선택지 A 좀비 500명을 확실히 박멸한다.
선택지 B 좀비 1,000명을 없앨 확률 50퍼센트, 좀비 100명을 없앨 확률 50퍼센트.

2010년 7월에 응답자 1,238명이 답한 온라인 여론조사에서, 나는 선택지 B가 구울을 섬멸할 기대값이 훨씬 더 높은데도 불구하고, 61퍼센트 이상이 선택지 A를 선택했다는 걸 알아냈다. 실제로 수많은 실험이, 확실히 보장되는 보상과 기대값이 약간 더 높은 보상을 제공하는 도박, 둘 중에 하나를 선택해야만 할 때 사람들은 확실한 쪽을 고를 거라는 걸 보여준다.

이제 다른 선택 기회에 대해 생각해보자.

선택지 A 좀비 500명이 확실히 증가함.
선택지 B 좀비가 100명만 새로 생길 확률 50퍼센트,

1,000명만 새로 생길 확률 50퍼센트.

이번 경우에는 응답자 중 57퍼센트 이상이 선택지 B를 택했다. 선택지 A가 확률 기대값이 더 높은데도 말이다. 사람들에게 확실한 손실과 기대값은 더 낮지만 현상 회복 가능성이 존재하는 도박 사이에서 선택을 하게 하면 원래 상태로 돌아가기 위한 도박을 택할 것이다.

전망 이론이 정책에 미치는 영향은 명백하다. 사람들은 현 상태와 비교해서 자기 입지가 더 유리해질 거라 판단할 때 더 신중하게 위험을 회피하는 행동을 할 것이다. 자기 입지가 불리해질 거라는 걸 알아채면 사람들은 운을 회복하려는 노력의 일환으로 위험한 전략을 기꺼이 택할 것이다.[11]

첫 번째 이미지 이론가는 이런 심리적 속성이 모여 국제관계에서 '강경 성향hawk bias'을 낳는다고 주장한다.[12] 적이 될 수 있는 상대와 맞닥뜨렸을 때, 의사 결정권자에게서 일어나는 이런 심리적 반응은 보다 대립적인 강경책을 낳을 것이다. 공격적인 행동은 계획적인 것으로 해석될 것이다. 손실이 있을 거라 예상할 수 있는 위협에 직면하면 정책 입안자는 더욱 주저 없이 위험한 조치를 취해서 현상 유지를 도모할 것이다. 낙관주의 경향optimism bias과 통제 착각

illusion of control, 실제로는 통제 불가능한 미래의 불확실한 사건을 통제할 수 있다고 믿는 착각, 그래서 불행한 사건이 발생할 가능성을 낮게 본다-역주 같은 다른 심리적 특성이 공세적 정책을 강화할 것이다.[13] 지도자는 적극적인 사전 조치로 시체가 가하는 어떤 위협에도 대처할 수 있다고 아주 자신만만해 할 것이다.

강경 성향이 인간만의 국제관계에는 적합하지 않을지 몰라도, 어떻게 식인 구울에 대응해야 하는지를 위해서는 올바른 정신 자세를 갖게 하니 참 묘한 일이다. 좀비는 강한 혐오감을 불러일으키기 때문에 사람들은 어렵지 않게 이들을 적으로 인식할 수 있다. 확증 편향 덕분에 좀비와 관련된 어떤 새로운 데이터도 적이라는 그들의 지위를 강화시킬 뿐이다. 전망 이론 덕분에 지도자는 언데드의 공격으로 인한 초기 손실에 직면하면 원래 상태로 돌아가기 위해 위험한 전략을 갑절로 늘릴 게 분명하다. 강경 성향이 인간 사이에서 벌어지는 물리적 충돌을 지나치게 과장할지도 모른다. 그러나 살아 있는 시체에 대한 올바른 태도는 증진시킬 것으로 보인다.

그러나 좀비 정전은 대체로 긍정적인 이런 평가에 대해 두 가지 중요한 경고를 한다. 첫 번째는 확증 편향과 기본적인 귀인 오류가 사람들이 좀비가 된 자기 친척을 다른 좀비와는 다르게 대하는 결과를 낳을 거라는 경고다. 앞서 언급했듯이, 좀비 정전의 한 가지 특색은 사람들이 식인 구울로 변한 친척을 죽이지 않으려고 하는 거다. 예를 들어, 〈서바이벌 오브 데드〉에서는 한 가장은 자기 가문에서 좀비가 된 어느 누구도 죽이길 거부한다. 그러면서 가문의 좀비를 죽인다면 '우리와 같은 인간을 죽이는 것'과 진배없다고 주장한다. 살아 있는 시체는 이런 판단 착오를 부당하게 이용해서, 언데드판 사회 연결망을 통해 좀비 무리를 증식시킬 수 있을 것이다. 가족이 다른 가족을 감염시키고, 친구가 다른 친구를 감염시키는 식으로 말이다.

두 번째 경고는 좀비에게 보이는 지각 반응이 언데드에만 국한될지 불확실하다는 점이다. 강경 성향 때문에 사람이 다른 사람을 불신하고 두려워하게 되는 것도 얼마든지 가능하다. 불안정한 시국에서는 어떤 사람이 다른 사람을 좀비에게 물렸다고 고발하리라는 걸 어렵지 않게 예상할 수 있다. 인간끼리, 또 인간 국가끼리 벌이는 동족상잔은 반좀비 공동전선을 유지하려는 노력을 무력화시킬 수도 있다.*

첫 번째 이미지 모델은 살아 있는 시체라는 재앙에 맞설 수 있는 세 가지 구체적인 정책 제안을 할 수 있다. 첫째, 정부와 국제기구가 빠르고 효율적으로 언데드에게 대처할 수 있는 새로운 규칙과 방법을 내놓는 게 아주 중요하다. 사람들은 새로운 환경이 시간이 지나면서 어떤 안정감을 가져다 줄수록 해당 환경에 빨리 적응할 수 있다.[14] 사람들이 좀비 발생시 '새로운 기준new normal, 시대 변화에 따라 새로 부상하게 된 기준-역주'이 어떤 건지를 알게 되면 공황 상태가 발생할 가능성이 훨씬 줄어든다.

두 번째로, 사람들이 올바른 종류의 반좀비 전술을 취하도록 '유도nudge'하는 정책을 시행해야 한다.[15] 이들 정책은 사람들이 신중한 반좀비 행동을 취하게 만드는 기본 옵션을 갖고 있어야 한다. 사람들이 알아서 적극적인 반좀비 조치를 취할 거라고 가정하는 대신에 말이다. 예를 들어, 좀비 습격 이후에는 모든 운전면허 시험에 탈출 전술이나 자동차가 입는 피해를 최소화한 채로 식인 구울을 치고 도망가는

＊페미니스트적 관점이 이런 중차대한 시점에 어떤 정책 수단 policy leverage이 될지도 모른다는 게 흥미롭다. 예를 들어 잭 스나이더가 리메이크한 〈새벽의 저주〉2004에서, 경비원이 책임자로 있을 때와 간호사인 여자 주인공과 동료가 책임자로 있을 때 쇼핑몰의 지배 구조는 상당히 현저한 대조를 보인다. 후자 체제에서 좀 더 합의에 의한 통제가 이뤄질 뿐 아니라, 더 탁월한 결과가 나오기도 한다. 여성 특유의 관점이 협력을 방해하는 인식적 편견을 상쇄시킬 가능성이 있다.

법을 평가하는 항목이 추가될지도 모른다.

마지막으로, 위험부담이 크지만 성공할지도 모르는 전략이 있다. 이번 장에서는 인간의 심리적 특성에 중점을 두었지만 좀비의 심리는 어떨까? 좀비 연구 문헌에서 언급된 가장 큰 수수께끼는, 살아 있는 시체는 인육을 먹는 행위에 어떤 생물학적 이유가 있는 것 같지 않은데도 왜 사람을 잡아먹지 않을 수 없는가다.[16] 떼를 지어 몰려다니는 좀비의 습성을 고려해서 첫 번째 이미지 이론가는 인간을 잡아먹기로 하는 결정도 전형적인 '집단 사고groupthink'적 사례라고 가정한다. 즉 대안과 계획을 철저하게 검토하기보다 집단 여론을 우선시하는 경향이라는 말이다.[17] 인간에게서도 이런 현상을 볼 수 있지만 어쩌면 이게 좀비의 행동도 설명해줄 수 있을지 모른다. 좀비가 무리 지어 다니는 행동을 근거로, 살아 있는 시체가 사회적 목적에 대해 그들끼리 합의에 도달하는 데 매우 신경을 쓴다고 주장할 수도 있다. 그 때문에 좀비 각자가, 인간을 잡아먹기로 한 결정에 깔려 있는 전제에 이의를 제기하지 않는 것일지도 모른다.

위험하지만 흥미로운 정책 대안 하나는 인간 국가가 심리 공작 요원을 이용해서 언데드 공동체에 '인식적 침투cognitive infiltration'를 시도하는 것이다. 극단주의자와 테러리스트 집단에 이런 작업을 하자는 제안이 이미 있었다.[18] 심리 공작 요원은 암시적 웅얼거림과 끙끙거리는 소리를 이용해서, 좀비가 인식적 폐쇄성epistemic closure에서 벗어나, 그들이 가지고 있던 존재론적 가정ontological assumption에 이의를 제기하도록 할 수 있을 것이다. 좀비가 인식의 족쇄를 벗어던지고, 인간을 잡아먹을 필요가 없다는 걸 깨달으면 언데드 때문에 생긴 위기는 훨씬 덜 치명적일 것이다.

  물론 살아 있는 시체가 요원을, 임무를 수행하기도 전에 잡아먹어버릴 가능성도 있다. 하지만 전망 이론이 암시하듯이 절박한 시대는 절박한 조치를 낳는 법이다.

CONCLU
OR SO Y
THINK

에필로그

결론
또는 그렇게
생각되는 것

하나의 유령이 국제정치 세계를 떠돌고 있다. 마르크스와 엥겔스가 함께 쓴 《공산당선언》의 첫 문장을 패러디함–역주 다시 살아난 시체라는 유령이 사람의 뇌를 먹어 치우러 오는 중이다. 지금까지 좀비라는 위협에 국제관계 이론이 내놓은 학술적 대응은 피상적일 뿐이었다. 나는 바야흐로 떠오르는 이 문제를 훨씬 더 정확하게 설명해보려 노력했다. 앞선 장에서 명확히 했듯이, 국제관계 이론은 국가·국제기구·국내 이해관계·정부 기관·개인 등이 살아 있는 시체가 가하는 초국가적 위협에 어떻게 대응할지에 대해 몇 가지 흥미롭고 다양한 예측과 제안을 한다.

　예리하게 관찰해보면 서로 다른 이론적 패러다임에서 몇 가지 흥미로운 논리적 연관성이 드러난다. 예를 들어, 이런 접근법 대부분은 살아 있는 시체가 미치는 영향이 국가마다 균등하지 않을 거라고 예측할 것이다. 강대국일수록 식인 구울의 공격을 견뎌낼 능력이 더 크다. 그보다 힘이 약한 개발도상국은 좀비 침략에 취약할 것이다. 현실적인 냉담함 탓이든, 대중적 지지가 약해지고 있는 탓이든, 정부 기관끼리 싸움을 벌이고 있는 탓이든, 의사 결정권자가 오류를 범할 가능성이 높은 탓이든, 국제사회의 개입은 효력이 일사적이거나 충분하지 못할 가능성이 높다. 따라서 좀비라는 위협 요소를 완벽하게 근절할 가망성은 극히 낮다. 가장 가난하고 가장 힘이 약한 나라에게 더 큰 영향을 미치는 위기 목록에 언데드 전염병이 추가될 것이다.

서로 다른 이런 이론이 좀비 정전 대부분에서보다 훨씬 더 다양한 결과를 제시하기도 한다. 영화와 소설에 나오는 전통적인 좀비 이야기는 금세 종말 부분에 다다른다. 그러나 여기서 소개한 이론적 접근법은 대부분 살아 있는 시체의 위협에 활발한 정책적 대응이 있을 거라는 뜻을 내비친다. 현실주의는 결국 언데드와 나머지 사람이 공존 공영의 협정을 맺을 거라고 가정한다. 자유주의자는 불완전하지만 유용한 반좀비 체제를 예측한다. 신보수주의자는 공격적이고 주도면밀한 군사 배치로 언데드의 위협을 저지할 수 있을 거라 믿는다. 일부 구성주의자는 새로운 좀비 발생을 예방하고, 현존하는 좀비를 인간 사회에 순응케 하는 데 전념하는 견고한 다원적 안전보장 공동체pluralistic security community가 생길 거라 예측한다. 조직이 초기 대응을 잘못할 수도 있다. 그러나 적응과 극복도 가능하다. 사람들에게는 살아 있는 시체를 공격하도록 하는 정책 대응을 선호하는 성향이 깊이 뿌리 박혀 있을 것이다. 이런 예측은 어쩌면 좀비 정전에 나오는 인간 멸종에 대한 이야기가 과장되었을 수도 있다는 암시일지도 모르겠다.

고무적이긴 하지만 이런 연구는 주의가 촉구되는 조짐 역시 귀띔해준다. 관료적 기능장애bureaucratic dysfunction는 국가 권력을 완전히 와해시키는 결과를 가져올 수도 있다. 여론과 이익 단체가 가하는 압력이 다국적 협력을 더 어렵게 만들 수도 있다. 규범의 연쇄적인 확산norm cascade으로 인간과 좀비의 생물학적 차이를 무의미하게 만드는, 즉 모두가 좀비처럼 행동하는 세계가 탄생할 수도 있다. 정책 입안자나 개인이 좀비의 위협에 과잉반응을 보여서, 이 과정에서 많은 인간이 죽어나갈 수도 있다. 그렇다 해도 이건 '일어날 가능성이 있는' 결과일 뿐이다. 이것이 '일어날 공산이 큰' 결과와는 완전히 다른 문제다.

두 번째로, 인간 안보라는 관점에서 보면 위에서 '낙관적'이라 언급한 결과도 순전히 재앙에 불과할 것이다. 인간 안보적 접근법은 사람들이 받는 위협에 초점을 맞춘다. 반면 국가 안보적 접근법은 국가가 받는 위협에 초점을 맞춘다.[1] 이런 시각에서는 개인의 신체 통합권bodily integrity, 자기 신체에 대한 자율성 및 자기 결정권-역주을 위협하는 것이라면 무엇이든 위협으로 간주한다. 가장 가난한 약소국에 좀비가 집중적으로 발생한다면, 수십억 명의 인간에게 질병·가난·법치의 붕괴 외에도 맞서 싸워야 하는 위협이 또 하나 생길 것이다. 언데드가 횡행하는 세계에서는 대다수가 공포에서 벗어나지 못할 것이다.

경각심을 불러일으키는 이런 진단은 일반적인 국제관계학 패러다임이 가진 결점을 두드러지게 한다. 즉 21세기에는 안보 문제에 대해 이런 패러다임이 가진 분석적 영향력 analytical leverage이 쇠퇴하고 있다는 걸 말이다. 국제관계학 이론은 대부분이 국가 중심적이다. 그러나 국가 간 분쟁은 결코 더 이상 중차대한 위협이 아니다. 이 책이 폭로한 위험을 쭉 살펴보라. 어느 것도 국가로 인한 위험은 아니었다. 테러리스트도, 해커도, 광범위한 영토를 점유해서 보복을 어렵게 만들지는 않는다. 지진이나 화산 폭발 같은 자연재해가 우리가 말하는 의미의 '정부 기관agency'을 지배하는 일은 없다. 질병 매개체disease vector나 녹아내리고 있는 빙하도 마찬가지다. 국제관계 분야는 언제나 국가에서 출발했다. 그래서 국가는 앞으로도 계속 세계정치 방정식에서 중요한 부분을 차지할 것이다. 그러나 이들 이론이 인류에 대한 너무나 많은 비대칭 위협asymmetric threat, 두 국가 중 한 국가만이 가진 요소 때문에 힘의 균형이 깨지고, 그 국가가 그걸 무기로 다른 국가를 위협하는 행위-역주에 적응하지 못한다면 살아 있는 시체에 설득력 있는 정책을 내놓는 데 큰 어려움을 겪을 것이다.

추가적 연구가 필요한 건 분명하다. 여기서 몇 가지 최종적이지만 결정적인 질문이 나온다. 각 패러다임의 예측이 가진 설명력explanatory power을 어떻게 평가할 수 있을까? 이 중 오직 하나만이 맞을까? 일부가? 모두가? 사회과학에서, 다양한 이론 사이에서 판정을 내리는 데 가장 좋은 방법은 다양한 접근법을 뒷받침하거나 오류를 입증하는 실증적 테스트empirical test를 고안해내는 것이다. 그러나 당면한 좀비 문제에서는 바람직하지도 않고 실행이 가능하지도 않다.

국제관계학 연구자는 엄밀한 분석만으로는 살아 있는 시체에 대응하는 정치적 판단의 근거를 마련하기가 충분치 않다는 걸 인정해야 한다. 정치적 결과를 설명하는 데 패러다임적 접근법은 몇 가지 유용한 분석 틀을 제공한다. 그러나 이런 분석 틀은 완벽하지 못하다. 국제관계학 이론가 스스로도 이를 인정한다. 아마도 현실주의자 집단은 좀비를 인간과 다르게 취급할 것이다. 또한 어쩌면 입법부가 제약을 가하는 걸 지지하는 사람들 때문에 살아 있는 시체의 공격이 의회의 대응 능력을 압도하게 만드는 결과를 초래할지도 모른다. 식인 구울처럼 구체적인 정책적 문제에 직면했을 때는 특정한 마이크로 이론개별적인 작은 현상을 설명하는 이론-역주, 즉 매우 한정된 범위의 상황에 적용하는 임시적 가설이 거대한 패러다임보다 더 유용할지도 모른다.[2]

세계정치에 어떤 모델이 적합할지를 판단하는 건 과학이라기보다는 예술이다.[3] 앨버트 허시먼Albert Hirschman이, 조지 로메로가 감독한 〈살아 있는 시체들의 밤〉이 개봉된 직후에 이렇게 말했다. "평소에 사회과학자는 '한 가지' 패러다임이나 인과관계 체계만 확보해도 충분히 만족해 한다. 결과적으로 그들의 추측은 직관적 통찰력으로 다양한 종류의 영향력을 고려할 가능성이 높은 노련한 정치인이 하는 추측에 비해 한참 빗나갈 때가 더 많다."[4]

이 책은 좀비 연구 분야에서 내놓은, 틀렸지만 널리 퍼진 견해를 주의하라고 경고하는 역할을 한다. 일단 죽은 자가 되살아나기만 하면 세계는 멸망할 거라는 견해 말이다. 스스로가 가진 판단력을 발휘해서 이런 정보를 가지고 무엇을 할지를 결정하는 건 독자의 몫이다. 국제관계학 이론이 어떤 면에서는 현실적으로 유용한 것만은 틀림없다. 그러나 아마 이런 이론이 최근 전 세계에 닥친 위협과 도전을 설명하는 능력은 국제관계학 이론가가 자기 분야에서 장담하는 것보다는 한계가 있을 것이다. 세계정치에 흥미를 가진 총명한 연구자라면 이런 패러다임이 제공하는 정보를 가지고 자기 머리를 써서 이 문제에 대해 심사숙고해보아야 할 것이다. 좀비가 머리를 쓰기로 결심하기 전에 말이다.

감사의 말

자랄 때 나는 호러 영화 팬은 아니었다. 어렸을 때 〈폴터가이스트poltergeist〉를 10분 동안 보고 밤에 잠을 이루지 못했던 게 나의 첫 호러 영화에 대한 기억이다. 어느 날 밤 우연히 텔레비전에서 〈28일 후〉를 보고서야 좀비 장르를 어느 정도 즐길 수 있게 되었다. 그러니 우선 내가 좀비 영화에 흥미를 갖게 해준, 과소평가된 영화를 만든 감독과 시나리오 작가인 대니 보일Danny Boyle과 알렉스 갈란드Alex Garland에게 감사드린다.

이 단행본 논문은 내가 2009년 8월에 '외교정책Foreign

＊http://drezner.foreignpolicy.com/post/2009/08/18/theory_of_international_politics_andZombies를 볼 것.(2010년 7월 15일 접속)

Policy' 블로그에 올린 포스트에서 출발했다.* 이 포스트는 블로그 세계와 국제관계학계 양쪽의 상당한 관심을 모았다. 많은 국제관계학 교수가 내게 연락을 해와 자기 학생에게 읽어보라 권했다고 전해주었다. 국제관계학 이론이라는 굉장히 난해한 영역에 더 쉽게 다가갈 수 있게 해주는 글이라고 말이다. 여기에서 힘을 얻은 나는 이런 가정을 독자 여러분이 현재 읽고 있는 이 책으로 발전시킬 수 있을지를 알아보려 하기에 이르렀다.

 이런 주제로 블로그에 글을 올려 내게 흥미를 갖게 해준 알렉스 매시Alex Massie에게 감사한다. '외교정책'에 있는 레베카 프랭클Rebecca Frankel, 수전 글래서Susan Glasser, 블레이크 하운셸Blake Hounshell, 조슈아 키팅Joshua Keaning, 모이시스 나임Moises Naim, 브릿 피터슨Britt Peterson, 톰 스텍Tom Stec은 국제관계학 이론 분야에서 벌어지고 있는 난해한 논쟁에서부터 묵시론적 영화에 나오는 글로벌 거버넌스에 이르는 모든 분야에 블로깅을 할 수 있는 훌륭한 장을 마련해주었다. 이 원고의 일부는 '외교정책' 2010년 7~8월호에서 발

---

* 대니얼 W. 드레즈너Daniel W. Drezner '살아 있는 공부벌레들의 밤night of the Living Wonks', 외교정책 180(2010년 7~8월) : 34~38

췌했다.*

챈더 펠란Chanda Phelan은 친절하게도 갖고 있던 종말론 문학에 대한 자료를 제공해주었다.

나는 친구와 동료, 전혀 모르는 남에게 초고를 떠맡겼다. 그것도 내가 하는 관례적 작업보다 더 많은 양의 일을 말이다. 베서니 앨버트슨Bethany Albertson, 카일 브라운리Kyle Brownlie, 찰리 카펜터Charli Carpenter, 스테파니 카빈Stephanie Carvin, 조나단 케이벌리Jonathan Caverley, 샘 크레인Sam Crane, 에리카 드레즈너Erika Drezner, 에스더 드레즈너Esther Drezner, 쇼레 해리스Shoreh Harris, 찰리 호만스Charlie Homans, 존 호건John Horgan, 패트릭 새디어스 잭슨Patrick Thaddeus Jackson, 제이콥 T. 레비Jacob T. Levy, 케이트 맥나마라Kate McNamara, 블레이크 메서Blake Messer, 마이카 민츠Micah Mintz, 제니퍼 밋첸Jennifer Mitzen, 댄 넥슨Dan Nexon, 네진 페가히Negeen Pegahi, 가브리엘 로스만Gabriel Rossman, 스티브 사이드만Steve Saideman, 애나 셀레니Anna Seleny, 조앤 스페츠Joanne Spetz, 로리 윌키Laurie Wilkie, 제이슨 윌슨Jason Wilson, 에이미 제가트Amy Zegart가 보내준 피드백과 조언, 지지에 감사한다. 그들이 알지 모르겠지만 앨런 비티Alan Beattie, 엘리자베스 이코노미Elizabeth

Economy, 브래드 젠델Brad Gendell, 이펫 라이스 젠델Yfat Reiss Gendell, 제니퍼 M. 해리스Jennifer M. Harris, G. 존 아이켄베리 G. John Ikenberry, 데이비드 레이크David Lake, 마이클 마스탄두노Michael Mastanduno는 유용한 제안을 해주었다.

프린스턴대학교 출판 팀은 꼼꼼함과 활력과 뛰어난 기량으로 이 책을 획기적으로 개선해주었다. 이 책을 작은 픽셀에서 하나의 간행물로 변신시켜준 데 대해 줄리아 리빙스턴Julia Livigston, 내털리 반Natalie Baan, 테레사 리우Theresa Liu, 제니퍼 로스Jennifer Roth에게 감사한다. 브라이언 벤들린Brian Bendlin이 교열을 봐준 덕분에 수많은 골치 아픈 실수를 피할 수 있었다. 앤 카레트니코프Anne Karetnikov가 그린 삽화는 하나하나가 천 마디 말과 같은 가치가 있다. 다시 말해, 이 책이 지적으로 큰 가치를 갖게 된 건 그 덕분이다. 정치학 담당 편집자 척 마이어스Chuck Myers와 편집장 피터 도허티Peter Dougherty가 "맞다, 그래, 생각해보니 우리 출판 도서 목록에서 빠진 게 바로 국제관계학과 좀비에 대한 책이야"라는 용감무쌍한 생각을 할 수 있었던 데 무한히 변치 않는 감사를 바친다.

아내인 에리카Erika는 이 책의 아이디어에 대해, 이제까지 내가 아이디어를 낼 때 그랬던 것처럼 확신과 당혹이 적당히 뒤섞인 반응을 보여주었다. 이런 시도를 하는 과정에서 아내가 보내준 아낌없고 신중한 지원에 감사하는 마음은 죽어도 절대 잊지 못할 것이다.

    마지막으로,《국제정치학 이론Theory of International Politics》을 쓴 저자이자 내 전공 분야의 우상인 케네스 왈츠Kenneth Waltz를 제대로 만날 기회를 갖지 못했던 데 대해 매우 애석하게 생각한다.

대니얼 W. 드레즈너 Daniel W. Drezner

 근래의 좀비 열풍을 보면, 이는 좀비 르네상스라 해도 과언이 아니다. 좀비는 이전과는 다른 모습과 존재감으로 문학과 영화, 드라마 같은 대중문화에서 지분을 폭발적으로 넓혀가고 있다. 〈오만과 편견〉의 엘리자베스 베넷도, 링컨도 좀비와 싸운다.

 한때 대중문화 장르에서, 자본주의 내의 소외된 노동자·빈민·아웃사이더를 상징했고, 생래적으로 혐오감을 불러일으키는 외모와 행동거지에, 물리면 반드시 전염되고, 그래서 통제 불가능하게 순식간에 증식하며, 모든 면에서 미증유의 위기라는 이유 때문에 공포와 타파의 대상이기만 했던 좀비가 달라졌다. 급기야 〈웜 바디스〉 같은 소위 '좀로코물'에서 매력적이고 잘생긴 남자 주인공까지 맡아, 초자연적 존재 중에서도 그런 역할을 거의 전담해오다시피 한 뱀파이어의 아성에 도전장을 내밀었다.

또한 좀비는 영상물에서도 B급 영화라는 변방에서, 이제는 〈월드워Z〉소설 《세계대전Z》의 영화 제목 같은 할리우드 블록버스터와 〈워킹 데드〉 같은 인기 드라마 등의 주류 세계로 거침없이 진입하는 중이다. 좀비는 이제 새로운 문화적 상징으로 달라진 위상을 뽐내고 있다.

저자는 이런 익숙한 대중문화 속 허구적 세계가 아닌 뜻밖의 분야에 좀비를 소환한다. 사회학, 그중에서도 국제정치학으로 말이다. 저자는 좀비 등장이 국제정치 역학에 영향을 미친다고 본다. 저자는 좀비가 간단히 국경을 넘어 전염되고 확산되어 곧 전 지구적 현상이 될 거라고 하는, 어찌 보면 자연스럽지만 이제까지 누구도 생각하지 못한 점을 환기시킨다. 지금까지 주로 문학과 영상물에서 가족과 친인척, 친구와 동료 집단이라는 개인적 영역 내에서 좀비가 미치는 영향을 다룬 것과 대비되게 말이다.

저자는 좀비가 등장해서 국제정치 역학에 영향을 미칠 거라는 가정 하에, 기존의 국제정치 이론이 각각 좀비에 대해 어떻게 판단하고 예측하며, 그에 따라 어떤 정책 대응을 내놓을지를 살펴본다. 그렇게 해서 각 이론의 성격과 차이, 장단점, 효용성을 밝혀보려는 시도를 한다.

언뜻 좀비와 국제정치학을 연결시키는 게 농담 같은 황당하고 무의미한 시도로 보일지 모르지만 저자의 논리와 해설을 따라가다 보면 그 안에 숨은 문제의식과 의미가 결코 쓸모없거나 가볍지 않다는 걸 느끼게 된다.

글로벌화된 지구촌에서 좀비가 대표하고 상징하는 21세기적인 새로운 유형의 국제적 문제와 위기에, 기존의 국제정치 이론이 문제의 핵심을 정확히 포착해서 현실적으로 유용한 해법을 내놓을 능력이 있을까? 저자는 이 같은 문제의식에서 국제정치 이론을, 그의 표현을 빌자면 '스트레스 테스트' 하기 위해 그 도구로 좀비를 이용한다.

그렇다면 왜 좀비일까? 좀비는 문화적으로도 그렇지만 전 세계적으로 정치와 사회에 전방위적으로 위협을 끼치는 여러 가지 새로운 요인을 상징하기에 적합하기 때문이다. 이미 좀비라는 말은 다양한 위협적 요소를 가리키는 데 이용되고 있다. 좀비 PC란 용어를 자주 들어보았을 것이다. 사용자가 알지 못하는 사이에 보안 체계나 운영 체제가 가진 취약성이나 바이러스 등을 통해 깔린 프로그램이나 코드인 악성 봇으로, 디도스 공격이나 스팸메일 전송 등에 원격으로 이용되는 컴퓨터가 좀비 PC다. 의도와 상관없이 쉽게 감염되고, 발각과 치료가 어렵고, 무서운 속도로 전파되고 큰 피해를 가져온다는 점은 우리가 근래 접하는 유형의 좀비를 연상시킨다.

전 세계적 유행병도 좀비를 연상시킨다. 전 세계를 휩쓸고 지나갔던 조류독감과 신종 인플루엔자를 떠올려보라. 근래에 유행하는 신종 조류독감도 마찬가지다. 완벽하게 근절시키기 어려울뿐더러, 이전에 경험하지 못한 새로운 유행병이 곧잘 등장하고, 대처는 감염 속도보다 느리고, 완벽한 근절도 어렵다. 바로 좀비처럼 말이다. 신종 조류독감은 급기야 인간 대 인간 감염이 가능하다는 루머마저 퍼지면서 불안감을 키우고 있다. 역시나 좀비가 그렇듯이 말이다.

전쟁도 이전과는 양상이 다르다. 앞서 말한 좀비 PC를 이용한 사이버 전쟁이 가능하다. 이제는 통신과 인터넷망만 교란시켜도 한 나라 전체를 마비시키고 치명적 피해를 끼칠 수 있다. 또 실제 전쟁도 첨단 기술에 바탕을 두고 있어 적응과 대처를 할 만한 시간도 없이 순식간에 엄청난 피해를 입힐 수 있다.

모두가 국제적 양상을 보인다는 공통점도 있다. 이런 종류의 위기와 위협 상황을 좀비에 비유하는 건 자연스럽다.

즉 이전에는 없었던 새로운 종류의 위협이라 지식과 정보가 부족하며, 미처 파악이 되기도 전에 통제 불능 상태로 급속히 번져나가고, 기껏 대처를 한다 해도 불완전하거나, 판단 착오로 과잉이나 미온적 대처를 한다든가, 대응에 오류가 발생해서 완벽한 근절과 소탕이 어렵고, 언제든 급작스럽게 사태가 재발할 가능성이 있다.

따라서 기존에 통용되던 다양한 국제적 대응책은 무력화되기 십상이다. 그런 면에서 좀비는 '21세기적 위협'의 전형을 보여주는 상징이면서 도구로 어울린다. 이와 더불어, 저자도 본문에서 설명하고 있듯이, 현재의 국제정치 문제의 주체부터가 좀비와 같은 속성을 보여준다. 즉 위기를 불러일으키는 주요 행위자의 유형과 성격이 이전과는 달라졌다. 이런 새로운 형태의 적이나 위기가 어떤 것인지를, 한마디로 제대로 알고 덤비는 게 중요하다고 이 책은 강조한다. 안 그랬다가는 물적·인적으로 큰 대가를 치러야 하기 때문이다.

이 책에서도 언급되는 사례인 이라크전을 보자. 마침 2013년은 이라크전 발발 10주년이다. 미국은 이라크를 악의 축에 포함시키고, 대량 살상 무기 제거를 명분으로 2003년에 이라크를 침공했다. 그러나 대량 살상 무기는 발견되지 않았다. 이 전쟁에서 미군 약 4,400여 명이 전사했고, 3만 2,000여 명이 부상당했다. 이라크인은 전쟁이 시작되고 미군이 완전히 철수할 때까지 약 18만 명이 사망했다고 한다. 미국은 수조 달러의 전쟁 비용과 함께, 막대한 재산과 인명 피해, 더불어 도덕적 상처를 입었다. 이라크는 황폐화됐고, 전쟁에서 사용된 무기가 원인으로 추정되는 암 발생과 기형아 출산까지 급증했다고 한다.

저자는 이렇게 적의 실체와 성격에 대한 올바른 정보와 판단 없이 이뤄지는 대응이 얼마나 큰 손실을 가져오는지에 대해 경각심을 일깨운다. 새 술은 새 부대에 담아야 한다. 새로운 위기에는 새로운 이론적 패러다임과 접근법이 필요하다는 말이다.

이 책은 국제정치·외교·안보 입문서로도 유용하다는 게 또 한 가지 장점이다. 물론 이 분야 전공자나 연구자, 학생에게도 기존 국제정치 이론이 가진 설명력과 적용 가능성에 대한 새로운 시각과 재고해볼 여지를 남겨준다.

무엇보다도 이런 분야에 문외한이거나 초보자인 사람들에게도 국제정치에서 기본이 되는 정보와 상식 그리고 유용한 관점을 제공한다. 그런데 전공자라면 모르겠지만 왜 국제정치와 딱히 관련이 없어 보이는 일반 독자에게 이 책이 유용할까?

오늘날 세계는 그 어느 때보다도 한 국가는 물론이고 개개인의 삶과 행복이 국제 정세와 무관치 않다. 완벽하게 고립된 채, 자국 외의 상황에서 완전히 자유로운 외딴 섬 같은 나라는 있을 수 없다. 국제사회는 공동 운명체처럼 연결되어 있다. 멀리 떨어진 작은 국가에서 발생한 경제문제도 도미노 효과로 국제적 영향을 미친다. 안보 또한 예외가 아니다. 경제적 번영도 안보가 안정되어야 가능하다. 국제적 상황이 연쇄적으로 다른 국가에게도 영향을 미치는 건 경제만이 아니다. 전 세계와 한 국가와 개인의 행복이 별개가 아니기 때문이다.

한반도에 사는 우리에게는 더더욱 그렇다. 한국도 좀비만큼은 아니라도 상당히 예측 불가능하고, 합리적 소통과 대화가 어렵고, 근래 거듭된 위협을 가하고 있는 북한이라는 상대를 바로 곁에 두고 있다. 한반도를 둘러싼 국제 정세도 안심할 수 없다. 일본은 급격히 우경화되고 있으며 중국은 나날이 경제 대국이자 군사 강국이 되어가고 있는 상황에서 국제 문제와 안보는 결코 남의 일이 아니며 개인과 상관없는 국가만의 일이 아니다.

특히 이런 상황에서는 사소한 오해와 충돌이 강경 대응을 부르고 이로 인해 이어지는 사태는 걷잡을 수 없이 악화될 수 있다. 흥분한 민심이 위정자의 판단을 그르치게 할 수도 있다. 부족한 정보와 경험이 오판과 부적절한 대응으로 이어져 큰 위험을 초래할지 모른다.

이 책은 이런 상황에서 하나의 주의主義, 기존에 통했던 주의만 고수할 게 아니라 상황에 맞게 유연하게 대처할 필요가 있다는 것과 기존의 이론적 패러다임이 반드시 현재에도 같은 효용성을 가질 수는 없다는 점을 깨닫게 해준다.

이 책을 통해 우리는 국가적으로뿐만 아니라 개인적 차원에서도 21세기적 위협의 성격과 실체를 파악하고 예상해볼 수 있으며, 물적·정신적·심리적으로 이에 대비할 필요성을 절감하게 된다. 무엇보다 주체성을 갖고 지나친 흥분도, 무관심도, 과소평가도 없이 현재와 미래, 국제관계 속의 우리를 파악해볼 수 있는 단초를 제공한다.

그러나 이 책이 가진 가장 중요한 장점이자 의미는, 저자는 결국 인류의 위기 대처 능력, 나아가 인류의 미래에 대해 희망을 이야기하고 있다는 데 있다. 좀비로 상징되는 어떤 새로운 위협과 위기에도 인간은 적응하고 해법을 찾아낼 수 있을 거라고 말이다. 기존의 패러다임이 어떤 부분에서는 인간 자체나 마찬가지로 효용성이 떨어지거나 한계가 있을지 모른다. 그러나 전적으로 언제까지나 그런 것만은 아니다. 이들 패러다임은 상황 판단에 대한 근거와 예측과 대처 방안을 다양한 관점에서 제공한다. 그만큼 상황에 맞게 수정하고 적용할 수 있는 도구가 많이 생기는 셈이다. 대중문화에 등장하는 좀비는 인류를 금방 종말로 이끈다. 인류는 우왕좌왕하다 자멸하기도 하고 별다른 대응도 못 해보고 속절없이 당하고 만다. 그러나 저자는 이런 비관적 전망이 실제 그런 방향으로 인류를 이끌 위험성을 경고한다. 무지는 두려움을 낳는다. 두려움은 공황과 그로 인한 잘못된 선택을 낳는다. 저자가 보여주려는 건 말하자면 결국 아는 것이 힘이라는 것이 아닐까 싶다. 무지에서 나오는 공포와 무기력함에 맞서 이런 이론을 바탕으로 정신을 차리고 자기 머리를 써서 창의적이고 합리적인 해법을 찾아나간다면 어떤 위기도 이겨낼 수 있다는, 인간과 인간의 미래에 대한 믿음을 저자는 전해주고 있다.

사실 좀비와 국제정치라는 발상이 처음에는 가볍고 재미있어 보인 데 비해 내용은 녹록지 않아 보이기도 한다. 그러나 여기서 제기하고 있는 문제의식부터가 앞서 말한 이유에서 쉽게 넘겨버릴 만한 게 아니다. 그래서인지 저자는 진지하고 엄밀한 학문적 접근 태도를 유지한다. 하지만 좀비와 국제 정치라니 무슨 황당한 소리냐며 지레 코웃음을 칠 필요가 없듯이, 국제정치 이론에 대한 용어나 설명에 지레 겁을 집어먹을 필요도 없다.

저자는 서문에서 엘비스 프레슬리의 대저택인 그레이스랜드를 견학했던 경험을 들려준다. 그곳 가이드는 엘비스 프레슬리에게 지대한 관심과 애정을 가진 열혈 팬에게도, 이 모든 게 때론 우스꽝스럽고 한때의 재밋거리일 뿐인 관광객에게도 공평하게 만족스러운 안내를 제공한다. 이 가이드처럼 국제정치학이라는 세계에 대해 사전 지식이나 관심이 없던 누군가도, 진지한 열정을 가지고 의미를 찾는 사람도, 충분히 즐기고 의미도 찾을 수 있는 균형 잡힌 가이드를 제공하고자 했던 게 저자의 의도가 아닐까 한다.

그러니 일견 황당하고 낯설고 이해가 어려워 보이는 세계일지라도 저자를 따라, 그리고 좀비라는 익숙한 대중적 아이콘과 함께하는 여정에 나서보자. 홍미로울 뿐 아니라 유익한 경험을 할 수 있을 것이다. 이 책은 어쩌면 좀비가 출연한 에듀테인먼트edutainment적 국제정치학 버전이라 해도 좋을 것 같다.

2013년 5월
유지연

주

프롤로그 완전히 죽지 않은 자, 언데드UNDEAD에 대하여

1 Bishop 2008; Dendle 2007.
2 Brooks 2003; Louison 2009; Ma 2010.
3 Bolger 2010.
4 Austen and Grahame-Smith 2009; 〈오만과 편견, 그리고 좀비〉가 거둔 성공은 동화(Baum and Thomas 2009; Carroll and Cook 2009)에서 미국 문학의 시금석들(Twain and Czolgosz 2009)과 비틀즈의 역사(Goldsher 2010)에 이르는 고전을 비슷하게 재해석한 많은 작품을 낳았다.
5 Katy Harshberger of St. Martin's Press, quoted in Wilson 2009.
6 Bishop 2008; Newitz, 2008; VanDusky 2008.
7 Koblentz 2010; Stern 2002~3.
8 Dendle 2007, 54.
9 Buus 2009; Grayson, Davies, and Philpott 2009.
10 See, for example, the University of Florida's advisory manual at http://www.astro.ufl.edu/~jybarra/zombieplan.pdf (accessed July 15, 2010).
11 Wexler 2008. See also http://human svszombies.org/ About (accessed July 15, 2010).
12 John B. Snow, "Surviving the Undead: Zombie Guns," Outdoor Life, March 3, 2010; http://www.outdoorlife.com/photos/gallery/survival/2010/03/surviving-undead-zombie-guns (accessed July 15, 2010).
13 Carlson 2003; Chyba and Greniger 2004; Klotz and Sylvester 2009; Koblentz 2010; Stern 2002~3.

14 Berlinski 2009; Davis 1988.
15 Twitchell 1985, 273.
16 Waldmann 2009.
17 중요한 예외로 브룩스 2006과 그랜트 2010이 있다.
18 Cooke 2009, chap.7. 눈에 띄는 중요한 예외가 조스 웨든이 만든 TV 시리즈인 〈버피와 뱀파이어Buffy the Vampire Slayer〉1997~2003와 〈앤젤Angel〉1999~2004이다.
19 책에 나오는 10대 뱀파이어들에 대해서는, 엘 제이 스미스L.J. Smith의 《뱀파이어 다이어리Vampire Diaries》 시리즈1991~;《트루 블러드True Blood》 시리즈2001~로 알려진 샬린 해리스Charlaine Harris의 서던 《뱀파이어 미스터리Southern Vampire Mysteries》; 스테파니 메이어Stephanie Meyer가 쓴 《트와일라이트》 시리즈2005~; 리첼 미드Richelle Mead의 《뱀파이어 아카데미Vampire Academy》 시리즈2006~; D.C. 캐스트D.C. Cast와 크리스틴 캐스트Kristen의 《하우스 오브 나이트House of Night》 시리즈2007~; 멜리사 드 라 크루즈Melissa De La Cruz의 《블루 블러드Blue Bloods》 시리즈2007~를 볼 것. 우선 대표적인 것만 꼽아보면 그렇다.
20 Grayson, Davies, and Philpott 2009, 157.

01 좀비 연구 문헌

1 Bishop 2009; Harper 2002; Loudermilk 2003.
2 Chalmers 1996; Dennett 1995; Moody 1994.
3 Foster, Ratneiks, and Raybould 2000; Hughes et al. 2009; Hughes, Wappler, and Labandeira 2010.
4 Rudolf and Antonovics 2007.
5 Vass 2001.
6 Cassi 2009.
7 Cooke, Jahanian, and McPherson 2005.
8 Smith? et al. 2009, 146.
9 See Gelman 2010; Messer 2010; Rossman 2010.

10 The full list is available at http://zombieresearch.org/advisoryboard.html (accessed July 15, 2010).

11 See, for example, Quiggin 2010.

12 뱀파이어에 대한 경제학적 연구를 보려면 Hartle and Mehlmann 1982; Hartl, Mehlmann and Novak 1992; and Snower 1982를 볼 것.

13 Sun Tzu, Art of War, chap. 11, line 14; Thucydides, History of the Peloponnesian War, book 2, par. 50; Thomas Hobbes, Leviathan, part 1, chap. 13, par. 9.

14 UFO에 대해서는 Wendt and Duvall 2008을 볼 것. 마법사와 국제관계학에 대해서는 Nexon and Neumann 2006을 볼 것. 호빗과 국제관계학에 대해서는 Ruane and James 2008을 볼 것. Buus 2009, Davies 2010, Molloy 2003은 뱀파이어와 국제관계학에 대해 논한다.

15 Goldsmith 2007; Hoyt and Brooks 2003~4; Klotz and Sylvester 2009.

16 Suskind 2006.

17 Stern 2002~3.

18 Clarke 1999; Cordesman 2001.

19 Drezner 2009.

20 Sparks, Nelson, and Campbell 1997.

21 Markovsky and Thye 2001.

22 Crawford 2000; Gray and Ropeik 2002; Moïsi 2007; Strong 1990.

23 Maberry 2008, 267.

24 Ibid. See also Bishop 2009.

25 King, Keohane, and Verba 1994, 29~30.

26 Ferguson 2004; Haass 2008; Schweller 2010.

27 Der Derian 2002를 볼 것. 보다 최근에 맥스 브룩스는 미국 해군대학교 교장 요청으로 생도에게 강연을 했다. http://maxbrooks.com/news/2010/04/12/the-us-naval-war-college/ (2010년 7월 15일 접속)

28 시뮬레이션에 대해서는 Van Belle 1998을 볼 것. 행위자 기반 모형에 대해서는 Cederman 2003을 볼 것.

29 See Buus 2009; Cordesman 2001; Hulsman and Mitchell 2009; Muller 2008; Van Belle, Mash, and Braunwarth 2010; Weber 2006; Weldes 2003.

30 Solnit 2009, 120~34.

31 Tetlock 2005.

32 Jackson and Nexon 2009.

02 좀비란 무엇인가

1 See also Brooks 2003, 1.

2 이런 정의는 준 좀비적 속성을 가진 더 최근에 나온 캐릭터를 배제시키기도 한다. 이런 예로, 조스 웨든Joss Whedon이 만든 TV 시리즈 〈파이어플라이Firefly〉2002에 나오는 리버Reavers나, 크로닌Cronin이 2010년에 낸 소설에 등장하는 바이럴Virals이 있다.

03 식인 구울에 대한 분분한 논쟁

1 언데드들에 대한 다채로운 접근법의 최근 예를 알고 싶으면 Golden 2010; Adams 2008을 볼 것.

2 See Keene 2004 and 2005, as well as Wellington 2006a, 2006b, 2007.

3 King 2006.

4 Brooks 2003, 2006.

5 Recht 2006.

6 Cordesman 2001; Koblentz 2010.

7 Perrow 1984.

8 Klotz and Sylvester 2009.

9 Dendle 2001, 121; Twohy 2008, 16.

10 Bishop 2009, 21; Maberry 2008, 22~23.

11 이런 논쟁에 대한 최근의 간결한 요약본을 보고 싶다면 Levin 2004를 볼 것.

12 Ma 2010, 2~3.
13 Brooks 2003, 13~14.
14 Maberry 2008, chap. 3.
15 Cordesman 2001, 11; Maberry 2008, 172.

04 살아 있는 시체들의 현실정치

1   지면상의 제약으로 현실주의에 속하는 무수한 하위 패러다임에 대해 더 알아볼 수는 없다. 전통적인 현실주의에 대해 알고 싶으면 Morgenthau 1948을 볼 것. 신고전적 현실주의에 대해 알고 싶으면 Rose 1998 and Zakaria 1998을 볼 것. 탈고전적 현실주의postclassical realism에 대해 알고 싶으면 Brooks 1997을 볼 것. 미어샤이머 2001은 공격적 현실주의의 대표적인 예를 보여준다. 방어적 현실주의의 좋은 예는 Snyder 1991을 볼 것. 비평에 대해서는 Legro and Moravcsik 1999를 볼 것.
2   Walt 1987.
3   Waltz 1979, 105.
4   Grieco 1988; see also Powell 1991 and Snidal 1991.
5   Herz 1950; Jervis 1978.
6   Mearsheimer 2001.
7   Mearsheimer and Walt 2007; Walt 2005.
8   Waltz 1979, 76~77.
9   Gilpin 1981; Kennedy 1987; Kim 1992; Organski 1958.
10 Diamond 1999; McNeill 1976; Price-Smith 2002.
11 Anbarci, Escaleras, and Register 2005; Brancati 2007; Cohen and Werker 2008; Kahn 2005; Nel and Richarts 2008.
12 Glaser and Kaufmann 1998.
13 Brooks 2006, 105~11.
14 On containment, see Gaddis 1982 and Kennan 1984.
15 Christensen and Snyder 1990; Mearsheimer 2001.

16 Mastanduno 1992.
17 Hughes 2007.
18 Brancati 2007; Nel and Righarts 2008.
19 Walt 1996.
20 Mearsheimer 2001, 152~55.

05 자유주의적 세계질서에서 언데드 관리하기

1 지면상 제약으로 다양한 종류의 자유주의적 패러다임에 대한 더 많은 논의는 불가능하다. 칸트적 자유주의에 대해서는 Doyle 1983을 볼 것. 상업주의적 자유주의에 대해서는 Russett and Oneal 1997을 볼 것. Keohane 1984는 신자유주의적 제도주의neoliberal institutionalism의 가장 좋은 예를 보여준다. Moravcsik 1997은 관념적인 자유주의에 대해 자세히 설명한다. 민주적 자유주의에 대해서는 Doyle 1986년을 볼 것. 자유주의적 국제주의에 대해서는 Ikenberry 2000을 볼 것.

2 Hardin 1982; Olson 1971.
3 Axelrod 1984; Axelrod and Keohane 1985.
4 Keohane and Nye 1978; Lipson 1984.
5 Drezner 2000; Keohane 1984; Martin 1992.
6 Martin 2000; Simmons 2009.
7 Powell 1991; Snidal 1991.
8 Kimball 2006; Knobler, Mahmoud, and Lemon 2006; Koblentz 2010, 102~3.
9 Harper 2002; Lauro and Embry 2008; Webb and Byrnard 2008.
10 Axelrod 1984; Fudenberg and Maskin 1986.
11 Raustiala and Victor 2004.
12 Drezner 2007.
13 Brooks 2006, 264~69.
14 Ikenberry 2000, 2010.

15 Chayes and Chayes 1993; Downs, Rocke, and Barsoom 1994.
16 Haftendorn, Keohane, and Wallander 1999; Lake 2001.
17 Hoyt and Brooks 2003~4.
18 Brooks 2006, Grant 2010.
19 Marlin-Bennett, Wilson, and Walton 2010.
20 Barrett 2007b; Nadelmann 1990.
21 Barrett 2007a.
22 Flores and Smith 2010; Kahn 2005.
23 Kahn 2005; Ó Gráda 2009; Sen 1983.
24 Fidler 2004.
25 Brooks 2006, 47.
26 Drezner 2007; Keck and Sikkink 1998; Sell 2003.
27 평등권 및 법정 퇴직 연령을 "죽은 자"보다 높여줄 것을 요구하는 이들이 발표한 선언문은 http://www.votecure.com/vote/?p=13 (2010년 7월 15일 접속)에서 볼 수 있다.
28 Fidler 2009.
29 Carpenter 2007.

06 신보수주의와 살아 있는 시체들의 악의 축

1 이론적 패러다임으로서의 신보수주의에 대한 학문적 평가를 알고 싶으면 Caverley 2010; Fukuyama 2006; Rapport 2008; Williams 2005를 볼 것.
2 Fukuyama 1992.
3 Bolton 2007; Krauthammer 2004.
4 Bolton 2007; Kagan 2008.
5 Caverley 2010, 602-7; Kagan and Kagan 2000; Kristol and Kagan 1996. 민주주의 국가들의 외교정책 수행 능력에 대한 전통적인 현실주의 측 회의론을 보려면 Kennan 1984를 볼 것.

6 Bolton 2007; Frum and Perle 2004; Kagan 2008; Kristol and Kagan 2000; Podhoretz 2007.

7 Kagan 2003.

8 Boot 2006; Fukuyama 2006; Kagan 2003.

9 미국이 자체적인 현실을 창출해낼 수 있는 능력에 대한 신보수주의 측 믿음에 대해서는 Suskind 2004를 볼 것.

10 Kagan and Kagan 2000; Kristol 1983; Kristol and Brooks 1997; Kristol and Kagan 1996.

11 Smith? et al. 2009.

12 Frum and Perle 2004.

13 Podhoretz 2007.

14 Brooks 2006, 104.

07 좀비의 사회적 구성

1 국가 중심적 접근법을 보려면 Wendt 1999를 볼 것. 비국가 중심적 의견에 더 알고 싶으면 Holzscheiter 2005를 볼 것. Der Derian and Shapiro 1989는 보다 해석주의적 접근법 interpretivist approach을 제공한다.

2 Tannenwald 1999, 2005.

3 Johnston 2001.

4 Mercer 1995.

5 Mitzen 2006.

6 Cooke 2009, chap. 7; Russell 2005.

7 Webb and Byrnard 2008, 86.

8 Wendt and Duvall 2008.

9 Wendt 1992.

10 Price-Smith 2003; Strong 1990.

11 Adler and Barnett 1998.

12 Durodi? and Wessely 2002; Furedi 2007; Glass and Schoch-Spana 2001; Quarantelli 2004; Tierney 2004.

13 Solnit 2009, 2.

14 그러나 예를 들어 O Grada 2009는 기근 상황에서조차도 식인 행위는 아주 드물게 발생한다는 걸 알아낸다.

15 Mercer 1995.

16 Wendt 2003.

17 Furedi 2007, 487.

18 Clarke 2002; Grayson, Davies, and Philpott 2008; Mitchell et al. 2000; Tierney, Bevc, and Kuligowski 2006.

19 Webb and Byrnard 2008, 84.

20 Finnemore and Sikkink 1998.

21 Brooks 2006, 157~58.

22 Nye 2004.

08 국내정치, 좀비 정치학은 순전히 국지적인가

1 See Bueno de Mesquita et al. 2003; Milner 1997; Putnam 1988; Weeks 2008.

2 Risse-Kappen 1991.

3 Krasner 1978.

4 Kaufmann 2004; Ornstein and Mann 2006.

5 Howell and Pevehouse 2007.

6 Baum 2002.

7 Eichenberg 2005; Feaver and Gelpi 2004.

8 유권자는 예방조치보다는 재난 이후 성과에 더 많은 보상을 한다. Healy and Malhorta 2009를 볼 것.

9 Burbach 1994; Kohut and Stokes 2006.

10   Pew Research Center 2009.

11   Przeworski and Wallerstein 1988.

12   Stanger 2009.

13   이런 결과는 Milner 1997과 일치한다.

09 관료정치, 좀비 '밀고 당기기'

1   Barnett and Finnemore 2004.

2   Wilson 1989.

3   Allison 1971; Halperin 1974.

4   Cohen, March, and Olsen 1972.

5   법률적 제약legislative constraint에 대해서는 Weingast and Moran 1983을 볼 것. 행정적 제약에 대해서는 Moe 1990을 볼 것. 통합적 접근법integrative approach에 대해서는 Hammond and Knott 1996을 볼 것.

6   Simon 1976.

7   Zegart 2007.

8   Cordesman 2001.

9   Keene 2005, 123.

10   Solnit 2009, 125.

11   Brooks 2006, 94~100.

12   Brooks 2003, 155.

13   공군은 수송 및 물류 문제 탓에 전투력 대부분을 잃는다.

14   Brooks 2006, 145.

15   Hafner-Burton, Kahler, and Montgomery 2009; Slaughter 2004.

10 우리는 인간일 뿐이다, 언데드에 대한 심리학적 대응

1　Stern 2002~3.

2　Mori 1970.

3　Price-Smith 2002; Strong 1990, 252~54.

4　Bynam and Pollack 2001; Waltz 1959.

5　Jervis 1976

6　Houghton 1996; Khong 1992; Neustadt and May 1986.

7　Maberry 2008, 39.

8　Brooks 2003, 154.

9　Mercer 1996.

10　Kahneman and Tversky 1979; Levy 1997.

11　Jervis 1992.

12　Kahneman and Renshon 2007.

13　Weinstein 1980.

14　Glass and Schoch-Spana 2001.

15　Thaler and Sunstein 2008.

16　Brooks 2003.

17　Janis 1972.

18　Sunstein and Vermeule 2008.

에필로그　결론 또는 그렇게 생각되는 것

1　Paris 2001.

2　Most and Starr 1984.

3　Berlin 1996; Katzenstein and Okawara 2001~2; Sil and Katzenstein 2010.

4　Hirschman 1970, 341.

참고 문헌

Adams, John Joseph, ed. 2008. *The Living Dead*. San Francisco: Night Shade Books.

Adler, Emanuel, and Michael Barnett, eds. 1998. *Security Communities*. Cambridge: Cambridge University Press.

Allison, Graham. 1971. Essence of Decision: *Explaining the Cuban Missile Crisis*. Boston: Little Brown.

Aquilina, Carmelo, and Julian Hughes. 2006. "The Return of the Living Dead: Agency Lost and Found?" In *Dementia: Mind, Meaning and the Person*, ed. Julian Hughes, Stephen Louw, and Steven Sabat, 143–62. New York: Oxford University Press.

Austen, Jane, and Seth Grahame-Smith. 2009. *Pride and Prejudice and Zombies*. Philadelphia: Quirk Books.

Axelrod, Robert. 1984. *The Evolution of Cooperation*. New York: Basic Books.

Axelrod, Robert, and Robert Keohane. 1985. "Achieving Cooperation under Anarchy: Strategies and Institutions." *World Politics* 38 (October): 226–54.

Barnett, Michael, and Martha Finnemore. 2004. *Rules for the World: International Organizations in Global Politics*. Ithaca, NY: Cornell University Press.

Barrett, Scott. 2007a. "The Smallpox Eradication Game." *Public Choice* 130 (January): 179–207.

―――. 2007b. *Why Cooperate? The Incentive to Supply Global Public Goods*. New York: Oxford University Press.

Baum, L. Frank, and Ryan Thomas. 2009. *The Undead World of Oz*. Winnipeg, Manitoba, Canada: Coscom.

Baum, Matthew. 2002. "The Constituent Foundations of the

Rally-round-the-Flag Phenomenon." *International Studies Quarterly* 46 (June): 263-98.

Berlin, Isaiah. 1996, October 3. "On Political Judgment." *New York Review of Books*, 26-30.

Berlinski, Mischa. 2009, September. "Into the Zombie Underworld." *Men's Journal*, http://www.mensjournal.com/into-the-zombie- underworld. Accessed July 15, 2010.

Bishop, Kyle. 2008. "The Sub-Subaltern Monster: Imperialist Hegemony and the Cinematic Voodoo Zombie." *Journal of American Culture* 31 (June): 141-52.

_____. 2009. "Dead Man Still Walking: Explaining the Zombie Renaissance." *Journal of Popular Film and Television* 37 (Spring): 16-25.

Bolger, Kevin. 2010. *Zombiekins*. New York: Razorbill.

Bolton, John. 2007. *Surrender Is Not an Option*. New York: Threshold.

Boot, Max. 2006. *War Made New: Technology, Warfare, and the Course of History*, 1500 to Today. New York: Gotham.

Brancati, Dawn. 2007. "Political Aftershocks: The Impact of Earthquakes on Intrastate Conflict." *Journal of Conflict Resolution* 51 (October): 715-43.

Brooks, Max. 2003. *The Zombie Survival Guide: Complete Protection from the Living Dead*. New York: Three Rivers.

_____. 2006. *World War Z: An Oral History of the Zombie War*. New York: Three Rivers.

Brooks, Stephen. 1997. "Dueling Realisms." *International Organization* 51 (July): 445-77.

Bueno de Mesquita, Bruce, James Morrow, Randolph Siverson, and Alistair Smith. 2003. *The Logic of Political Survival*. Cambridge, MA: MIT Press.

Burbach, David. 1994. "Presidential Approval and the Use of Force." Working Paper, Defense and Arms Control Studies Program, Massachusetts Institute of Technology.

Buus, Stephanie. 2009. "Hell on Earth: Threats, Citizens and the State from Buffy to Beck." *Cooperation and Conflict* 44 (December): 400-419.

Bynam, Daniel, and Kenneth Pollack. 2001. "Let Us Now Praise Great Men:

Bringing the Statesman Back In." *International Security* 25 (Spring): 107-46.

Carlson, Robert. 2003. "The Pace and Proliferation of Biological Technologies." *Biosecurity and Bioterrorism* 1 (September): 203-14.

Carpenter, Charli. 2007. "Setting the Advocacy Agenda: Issues and Non-Issues around Children and Armed Conflict." *International Studies Quarterly* 51 (March): 99-120.

Carroll, Lewis, and Nickolas Cook. 2009. *Alice in Zombieland*. Winnipeg, Manitoba, Canada: Coscom.

Cassi, Davide. 2009. "Target Annihilation by Diffusing Particles in Inhomogenous Geometries." *Physical Review E* 80 (September): 1-3.

Caverley, Jonathan. 2010. "Power and Democratic Weakness: Neoconservatism and Neoclassical Realism." *Millennium* 38 (May): 593-614.

Cederman, Lars-Erik. 2003. "Modeling the Size of Wars: From Billiard Balls to Sandpiles." *American Political Science Review* 97 (February): 135-50.

Chalmers, David. 1996. *The Conscious Mind: In Search of a Fundamental Theory*. New York: Oxford University Press.

Chayes, Abram, and Antonia Handler Chayes. 1993. "On Compliance." *International Organization* 47 (Spring): 175-206.

Christensen, Thomas, and Jack Snyder. 1990. "Chain Gangs and Passed Bucks: Predicting Alliance Patterns under Multipolarity." *International Organization* 44 (March): 137-68.

Chyba, Christopher, and Alex Greniger. 2004. "Biotechnology and Bioterrorism: An Unprecedented World." *Survival* 46 (January): 143-62.

Clarke, Lee. 1999. *Mission Improbable: Using Fantasy Documents to Tame Disaster*. Chicago: University of Chicago Press.

_____. 2002. "Panic: Myth or Reality?" *Contexts* 1 (Fall): 21-26.

Cohen, Charles, and Eric Werker. 2008. "The Political Economy of 'Natural' Disasters." *Journal of Conflict Resolution* 52 (December): 795-819.

Cohen, Michael, James March, and Johan Olsen. 1972. "A Garbage Can Model of Organizational Choice." *Administrative Science Quarterly* 17 (March): 1-25.

Comaroff, Jean, and John Comaroff. 2002. "Alien-Nation: Zombies, Immigrants, and Millenial Capitalism." *South Atlantic Quarterly* 101 (Fall): 779–805.

Cooke, Evan, Farnam Jahanian, and Danny McPherson. 2005. "The Zombie Roundup: Understanding, Detecting, and Disturbing Botnets." In *Proceedings of the First Workshop on Steps to Reducing Unwanted Traffic on the Internet (STRUTI)*, 39–44. Cambridge, MA: STRUTI.

Cooke, Jennifer. 2009. *Legacies of Plague in Literature, Theory and Film*. New York: Palgrave Macmillan.

Cordesman, Anthony. 2001, September 29. "Biological Warfare and the 'Buffy Paradigm.'" Washington, DC: Center for Strategic and International Studies.

Crawford, Neta. 2000. "The Passion of World Politics: Propositions on Emotion and Emotional Relationships." *International Security* 24 (Spring): 116–56.

Cronin, Justin. 2010. *The Passage*. New York: Ballantine.

Davies, Matt. 2010. "'You Can't Charge Innocent People for Saving Their Lives!' Work in Buffy the Vampire Slayer." *International Political Sociology* 4 (June): 178–95.

Davis, Wade. 1985. *The Serpent and the Rainbow*. New York: Simon and Schuster.

———. 1988. Passage of Darkness: *The Ethnobiology of the Haitian Zombie*. Chapel Hill: University of North Carolina Press.

Dendle, Peter. 2001. *The Zombie Movie Encyclopedia*. Los Angeles: McFarland.

———. 2007. "The Zombie as Barometer of Cultural Anxiety." In *Monsters and the Monstrous: Myths and Metaphors of Enduring Evil*, ed. Niall Scott, 45–57. New York: Rodopi.

Dennett, Daniel. 1995. "The Unimagined Preposterousness of Zombies." *Journal of Consciousness Studies* 2 (April): 322–25.

Der Derian, James. 2002. "9.11: Before, After and In Between." In *Understanding September* 11, ed. Craig Calhoun, Paul Price and Ashley Timmer, 146–59. New York: New Press.

Der Derian, James, and Michael Shapiro, eds. 1989. *International-Intertextual Relations: Postmodern Readings of World Politics*. Lexington, MA: Lexington.

Diamond, Jared. 1999. *Guns, Germs and Steel: The Fates of Human Societies*. New York: W. W. Norton.

Downs, George, David Rocke, and Peter Barsoom. 1994. "Is the Good News about Compliance Good News about Cooperation?" *International Organization* 50 (Summer): 379-406.

Doyle, Michael. 1983. "Kant, Liberal Legacies, and Foreign Affairs." *Philosophy and Public Affairs* 12 (Summer): 205-35.

_____. 1986. "Liberalism and World Politics." *American Political Science Review* 80 (December): 1151-69.

Drezner, Daniel W. 2000. "Bargaining, Enforcement, and Multilateral Economic Sanctions: When Is Cooperation Counterproductive?" *International Organization* 54 (Winter): 73-102.

_____. 2007. *All Politics Is Global: Explaining International Regulatory Regimes*. Princeton, NJ: Princeton University Press.

_____. 2008. "The Realist Tradition in American Public Opinion." *Perspectives on Politics* 6 (March): 51-70.

_____, ed. 2009. *Avoiding Trivia: The Role of Strategic Planning in American Foreign Policy*. Washington, DC: Brookings Institution Press.

Durodié, Bill, and Simon Wessely. 2002. "Resilience or Panic? The Public and Terrorist Attack." *Lancet* 360 (December 14): 1901-2.

Efthimiou, Costas, and Sohang Gandhi. 2007. "Cinema Fiction vs. Physics Reality: Ghosts, Vampires, and Zombies." *Skeptical Inquirer* 31 (July-August): 27-38.

Eichenberg, Richard. 2005. "Victory Has Many Friends: U.S. Public Opinion and the Use of Force, 1981-2005." *International Security* 30 (Summer): 140-77.

Fay, Jennifer. 2008. "Dead Subjectivity: *White Zombie*, Black Baghdad." *CR: The New Centennial Review* 8 (Spring): 81-101.

Feaver, Peter, and Chrisopher Gelpi. 2004. *Choosing Your Battles*. Princeton, NJ: Princeton University Press.

Ferguson, Niall. 2004. "A World without Power." *Foreign Policy* (July–August): 32–39.

Fidler, David. 2004. *SARS: Governance and the Globalization of Disease*. New York: Palgrave Macmillan.

———. 2009. "H1N1 after Action Review: Learning from the Unexpected, the Success and the Fear." *Future Microbiology* 4 (September): 767–69.

Finnemore, Martha, and Kathryn Sikkink. 1998. "International Norm Dynamics and Political Change." *International Organization* 52 (October): 887–917.

Flores, Alejandro Quiroz, and Alistair Smith. 2010. "Surviving Disasters." Paper presented at the International Political Economy Society, Cambridge, MA.

Foster, Kevin, Francis Ratnieks, and Alan Raybould. 2000. "Do Hornets Have Zombie Workers?" *Molecular Ecology* 9 (June): 735–42.

Frum, David, and Richard Perle. 2004. *An End to Evil: How to Win the War on Terror*. New York: Random House.

Fudenberg, Drew, and Eric Maskin. 1986. "The Folk Theorem in Repeated Games with Discounting or with Incomplete Information." *Econometrica* 54 (May): 533–54.

Fukuyama, Francis. 1992. *The End of History and the Last Man*. New York: Free Press.

———. 2006. *America at the Crossroads*. New Haven, CT: Yale University Press.

Furedi, Frank. 2007. "The Changing Meaning of Disaster." *Area* 39 (December): 482–89.

Gaddis, John Lewis. 1982. *Strategies of Containment*. New York: Oxford University Press.

Gelman, Andrew. 2010. "'How Many Zombies Do You Know?' Using Indirect Survey Methods to Measure Alien Attacks and Outbreaks of the Undead." Working paper, Department of Statistics, Columbia University.

Gilpin, Robert. 1981. *War and Change in World Politics*. New York: Cambridge University Press.

Glaser, Charles, and Chaim Kaufmann. 1998. "What is the Offense-Defense Balance and How Can We Measure It?" *International Security* 22 (Spring): 44–82.

Glass, Thomas, and Monica Schoch-Spana. 2001. "Bioterrorism and the People: How to Vaccinate a City against Panic." *Clinical Infectious Diseases* 34 (December): 217–23.

Golden, Christopher, ed. 2010. *The New Dead: A Zombie Anthology*. New York: St. Martin's.

Goldsher, Alan. 2010. *Paul Is Undead: The British Zombie Invasion*. New York: Gallery Books.

Goldsmith, Jack. 2007. *The Terror Presidency: Law and Judgment inside the Bush Administration*. New York: W. W. Norton.

Grant, Mira. 2010. *Feed*. New York: Orbit.

Gray, George, and David Ropeik. 2002. "Dealing with the Dangers of Fear: The Role of Risk Communication." *Health Affairs* 6 (November–December): 106–16.

Grayson, Kyle, Matt Davies, and Simon Philpott. 2009. "Pop Goes IR? Researching the Popular Culture–World Politics Continuum." *Politics* 29 (October): 155–63.

Grieco, Joseph. 1988. "Anarchy and the Limits of Cooperation." *International Organization* 42 (June): 485–507.

Haass, Richard. 2008. "The Age of Nonpolarity." *Foreign Affairs* 87 (May–June): 44–56.

Hafner-Burton, Miles Kahler, and Alex Montgomery, "Network Analysis for International Relations," *International Organization* 63 (July 2009): 559–92.

Haftendorn, Helga, Robert Keohane, and Celeste Wallander, eds. 1999. *Imperfect Unions: Security Institutions over Time and Space*. New York: Oxford University Press.

Halperin, Morton. 1974. *Bureaucratic Politics and Foreign Policy*. Washington, DC: Brookings Institution Press.

Hammond, Thomas, and Jack Knott. 1996. "Who Controls the Bureaucracy?" *Journal of Law, Economics, and Organization* 12 (April): 119–66.

Hardin, Russell. 1982. *Collective Action*. Washington: Resources for the Future.

Harper, Stephen. 2002. "Zombies, Malls, and the Consumerism Debate." *Americana* 1 (Fall): article 4.

Hartl, Richard, and Alexander Mehlmann. 1982. "The Transylvanian Problem of Renewable Resources." *Recherche opérationelle/Operations Research* 16 (November): 379–90.

Hartl, Richard, Alexander Mehlmann, and Andreas Novak. 1992. "Cycles of Fear: Periodic Bloodsucking Rates for Vampires." *Journal of Optimization Theory and Applications* 75 (December): 559–68.

Healy, Andrew, and Neil Malhorta. 2009. "Myopic Voters and Natural Disaster Policy." *American Political Science Review* 103 (August): 387–406.

Hendrix, Grady. 2007, May 10. "Mocha Zombies." *Slate*, http://www.slate.com/id/2165990. Accessed July 15, 2010.

Herz, John. 1950. "Idealist Internationalism and the Security Dilemma." *World Politics* 2 (January): 157–80.

Hirschman, Albert. 1970. "The Search for Paradigms as a Hindrance to Understanding." *World Politics* 22 (April): 329–43.

Holzscheiter, Anna. 2005. "Discourse as Capability: Non-State Actors' Capital in Global Governance." *Millennium: Journal of International Studies* 33 (June): 723–46.

Houghton, David Patrick. 1996. "The Role of Analogical Reasoning in Novel Foreign-Policy Situations." *British Journal of Political Science* 26 (October): 523–52.

Howell, Will, and Jon Pevehouse. 2007. *While Dangers Gather: Congressional Checks on Presidential War Powers*. Princeton, NJ: Princeton University Press.

Hoyt, Kendall, and Stephen Brooks. 2003?4. "A Double-Edged Sword: Globalization and Biosecurity." *International Security* 28 (Winter): 123–48.

Hughes, David, Sandra Anderson, Sylvia Gerritsma, Kalsum Yusah, David Mayntz, Nigel Hywel-Jones, Johan Billen, and Jacobus Boomsma. 2009. "The Life of a Dead Ant: The Expression of an Adaptive Extended

Phenotype." *The American Naturalist* 174 (September): 424-33.

Hughes, David, Torsten Wappler, and Conrad Labandeira. 2010. "Ancient Death-grip Leaf Scars Reveal Ant-Fungal Parasitism." *Biology Letters*, published online before print August 18, 2010, doi:10.1098/rsbl.2010.0521.

Hughes, James. 2007. "The Chechnya Conflict: Freedom Fighters or Terrorists?" *Demokratizatsiya: The Journal of Post-Soviet Democratization* 15 (Summer): 293-311.

Hulsman, John, and A. Wess Mitchell. 2009. *The Godfather Doctrine: A Foreign Policy Parable*. Princeton, NJ: Princeton University Press.

Ikenberry, G. John. 2000. *After Victory*. Princeton, NJ: Princeton University Press.

Jackson, Patrick Thaddeus, and Daniel Nexon. 2009. "Paradigmatic Faults in International Relations Theory." *International Studies Quarterly* 53 (December): 907-30.

Janis, Irving. 1972. *Victims of Groupthink: A Psychological Study of Foreign-Policy Decisions and Fiascoes*. Boston: Houghton Mifflin.

Jervis, Robert. 1976. *Perception and Misperception in International Politics*. Princeton, NJ: Princeton University Press.

_____. 1978. "Cooperation under the Security Dilemma." *World Politics* 30 (January): 167-214.

_____. 1992. "Political Implications of Loss Aversion." *Political Psychology* 13 (June): 187-204.

Johnston, A. Iain. 2001. "Treating International Institutions as Social Environments." *International Studies Quarterly* 45 (December): 487-515.

Kagan, Donald, and Frederick Kagan. 2000. *While America Sleeps: Self-Delusion, Military Weakness, and the Threat to Peace Today*. New York: St. Martin's.

Kagan, Robert. 2003. *Of Paradise and Power: America and Europe in the New World Order*. New York: Alfred A. Knopf.

_____. 2008. *The Return of History and the End of Dreams*. New York: Alfred A. Knopf.

Kahn, Matthew. 2005. "The Death Toll from Natural Disasters: The Role of Income, Geography, and Institutions." *Review of Economics and Statistics* 87 (May): 271-284.

Kahneman, Daniel, and Jonathan Renshon. 2007. "Why Hawks Win." *Foreign Policy* 158 (January-February): 34-39.

Kahneman, Daniel, and Amos Tversky. 1979. "Prospect Theory: An Analysis of Decision Under Risk." *Econometrica* 47 (March): 263-91.

Katzenstein, Peter, and Nobuo Okawara. 2001-2. "Japan, Asian-Pacific Security, and the Case for Analytical Eclecticism." *International Security* 26 (Winter): 153-85.

Kaufmann, Chaim. 2004. "Threat Inflation and the Failure of the Marketplace of Ideas: The Selling of the Iraq War," *International Security* 29 (Summer): 5-48.

Kay, Glenn. 2008. *Zombie Movies: The Ultimate Guide.* Chicago: Chicago Review Press.

Keck, Margaret, and Kathryn Sikkink. 1998. *Activists beyond Borders: Advocacy Networks in International Politics.* Ithaca, NY: Cornell University Press.

Keene, Brian. 2004. The Rising. New York: Leisure Books.

———. 2005. *City of the Dead.* New York: Delirium.

Kennan, George. 1984. *American Diplomacy.* Expanded ed. Chicago: University of Chicago Press.

Kennedy, Paul. 1987. *Rise and Fall of the Great Powers.* New York: Random House.

Keohane, Robert. 1984. *After Hegemony.* Princeton, NJ: Princeton University Press.

Keohane, Robert, and Joseph Nye. 1978. *Power and Interdependence.* Boston: Scott Foresman.

Khong, Yuen Foong. 1992. *Analogies at War.* Princeton, NJ: Princeton University Press.

Kim, Woosang. 1992. "Power Transitions and Great Power War from Westphalia to Waterloo." *World Politics* 45 (October): 153-72.

Kimball, Ann Marie. 2006. *Risky Trade: Infectious Disease in the Era of*

Global Trade. Aldershot, England: Ashgate.

King, Gary, Robert Keohane, and Sidney Verba. 1994. *Designing Social Inquiry*. Princeton, NJ: Princeton University Press.

King, Stephen. 2006. *Cell*. New York: Charles Scribner's Sons.

Klotz, Lynn, and Edward Sylvester. 2009. *Breeding Bio Insecurity: How U.S. Biodefense is Exporting Fear, Globalizing Risk, and Making Us All Less Secure*. Chicago: University of Chicago Press.

Knobler, Stanley, Adel Mahmoud, and Stanley Lemon, eds. 2006. *The Impact of Globalization on Infectious Disease Emergence and Control: Exploring the Consequences and Opportunities*. Washington, DC: National Academies Press.

Koblentz, Gregory. 2010. "Biosecurity Reconsidered: Calibrating Biological Threats and Responses." *International Security* 34 (Spring): 96-132.

Koch, Christof, and Francis Crick. 2001. "On the Zombie Within." *Nature* 411 (June): 893.

Kohut, Andrew, and Bruce Stokes. 2006. *America against the World*. New York: Times Books.

Krasner, Stephen D. 1991. "Global Communications and National Power: Life on the Pareto Frontier." *World Politics* 43 (April): 336-66.

Krauthammer, Charles. 2004. *Democratic Realism: An American Foreign Policy for a Unipolar World*. Washington, DC: American Enterprise Institute.

Kristol, Irving. 1983. *Reflections of a Neoconservative*. New York: Basic Books.

Kristol, William, and David Brooks. 1997, September 15. "What Ails Conservatism." *Wall Street Journal*.

Kristol, William, and Robert Kagan. 1996. "Towards a Neo-Reaganite Foreign Policy." *Foreign Affairs* 75 (July-August): 18-32.

_____, eds. 2000. *Present Dangers: Crisis and Opportunity in American Foreign and Defense Policy*. San Francisco: Encounter.

Krasner, Stephen D. 1978. *Defending the National Interest: Raw Materials Investment and U.S. Foreign Policy*. Princeton, NJ: Princeton University Press.

Lake, David. 2001. "Beyond Anarchy: The Importance of Security Institutions." *International Security* 26 (Summer): 129-60.

Lauro, Sarah Juliet, and Karen Embry. 2008. "A Zombie Manifesto: The Nonhuman Condition in the Era of Advanced Capitalism." *Boundary* 2 (Spring): 85-108.

Legro, Jeffrey, and Andrew Moravcsik. 1999. "Is Anyone Still a Realist?" *International Security* 24 (Spring): 55-106.

Levin, Josh. 2004, March 24. "Dead Run: How Did Zombies Get so Fast?" *Slate*, http://www.slate.com/id/2097751. Accessed July 15, 2010.

Levy, Jack. 1997. "Prospect Theory, Rational Choice, and International Relations." *International Studies Quarterly* 41 (March): 87-112.

Lipson, Charles. 1984. "International Cooperation in Economic and Security Affairs," *World Politics* 37 (October): 1-23.

Littlewood, Roland, and Chavannes Douyon. 1997. "Clinical Findings in Three Cases of Zombification." *Lancet* 350 (October 11): 1094-96.

Loudermilk, A. 2003. "Eating 'Dawn' in the Dark: Zombie Desire and Commodified Identity in George A. Romero's 'Dawn of the Dead.'" *Journal of Consumer Culture* 3 (March): 83-108.

Louison, Cole, ed. 2009. *U.S. Army Zombie Combat Skills*. Guilford, CT: Lyons.

Ma, Roger. 2010. *The Zombie Combat Manual: A Guide to Fighting the Living Dead*. New York: Berkley.

Maberry, Jonathan. 2008. *Zombie CSU: The Forensics of the Living Dead*. New York: Citadel.

Markovsky, Barry, and Shane Thye. 2001. "Social Influence on Paranormal Beliefs." *Sociological Perspectives* 44 (Spring): 21-44.

Marlin-Bennett, Renée, Marieke Wilson, and Jason Walton. 2010. "Commodified Cadavers and the Political Economy of the Spectacle." *International Political Sociology* 4 (June): 159-77.

Martin, Lisa. 1992. *Coercive Cooperation: Explaining Multilateral Economic Sanctions*. Princeton, NJ: Princeton University Press.

———. 2000. *Democratic Commitments: Legislatures and International Cooperation*. Stanford, CA: Stanford University Press.

Mastanduno, Michael. 1992. *Economic Containment: COCOM and the Politics of East-West Trade*. Ithaca, NY: Cornell University Press.

McNeill, William. 1976. *Plagues and Peoples*. New York: Anchor.

Mearsheimer, John. 2001. *The Tragedy of Great Power Politics*. New York: W. W. Norton.

Mearsheimer, John, and Stephen Walt. 2007. *The Israel Lobby and U.S. Foreign Policy*. New York: Farrar, Straus and Giroux.

Mercer, Jonathan. 1995. "Anarchy and Identity." *International Organization* 49 (March): 229-52.

_____. 1996. *Reputation and International Politics*. Ithaca, NY: Cornell University Press.

Messer, Blake. 2010, March 10. "Agent-Based Computational Model of Humanity's Prospects for Post Zombie Outbreak Survival." The Tortoise's Lens blog, http://thetortoiseslens.blogspot.com/2010/03/agent-basedcomputational-model-of.html. Accessed July 15, 2010.

Milner, Helen. 1997. *Interests, Institutions, and Information: Domestic Politics and International Relations*. Princeton, NJ: Princeton University Press.

Mitchell, Jerry, Deborah Thomas, Arleen Hill, and Susan Cutter. 2000. "Catastrophe in Reel Life versus Real Life: Perpetuating Disaster Myth through Hollywood Films." *International Journal of Mass Emergencies and Disasters* 18 (November 2000): 383-402.

Mitzen, Jennifer. 2006. "Ontological Security in World Politics: State Identity and the Security Dilemma." *European Journal of International Relations* 12 (September 2006): 341-70.

Moe, Terry. 1990. "The Politics of Structural Choice: Towards a Theory of Public Bureaucracy." In *Organization Theory*, ed. Oliver Williamson, 116-53. New York: Oxford University Press.

Moïsi, Dominique. 2007. "The Clash of Emotions." *Foreign Affairs* 86 (January-February): 8-12.

Molloy, Patricia. 2003. "Demon Diasporas: Confronting the Other and the Other Worldly in *Buffy the Vampire Slayer* and *Angel*." In *To Seek Out New Worlds: Science Fiction and World Politics*, ed. Jutta Weldes, 99-121. New York: Palgrave MacMillan.

Moody, Todd. 1994. "Conversations with Zombies." *Journal of Consciousness Studies* 1 (February): 196–200.

Moravcsik, Andrew. 1997. "Taking Preferences Seriously: A Liberal Theory of International Politics," *International Organization* 51 (Autumn): 513–53.

Morgenthau, Hans. 1948. *Politics among Nations*. New York: McGraw-Hill.

Mori, Masahiro. 1970. "The Uncanny Valley." *Energy* 7 (December): 33–35.

Most, Benjamin, and Harvey Starr. 1984. "International Relations Theory, Foreign Policy Substitutability, and 'Nice' Laws." *World Politics* 36 (April): 383–406.

Mueller, John. 2009. *Atomic Obsession: Nuclear Alarmism from Hiroshima to Al-Qaeda*. New York: Oxford University Press.

Muller, Benjamin. 2008. "Securing the Political Imagination: Popular Culture, the Security Dispositif and the Biometric State." *Security Dialogue* 39 (April): 199–220.

Nadelmann, Ethan. 1990. "Global Prohibition Regimes: The Evolution of Norms in International Society." *International Organization* 44 (Autumn): 479–526.

Nel, Philip, and Marjolein Righarts. 2008. "Natural Disasters and the Risk of Violent Confl ict." *International Studies Quarterly* 52 (March): 159–85.

Neustadt, Richard, and Earnest May. 1986. *Thinking in Time: The Uses of History for Decision-Makers*. New York: Simon and Schuster.

Newitz, Analee. 2006. *Pretend We're Dead: Capitalist Monsters in American Pop Culture*. Durham, NC: Duke University Press.

_____. 2008, October 29. "War and Social Upheaval Cause Spikes in Zombie Movie Production." io9 blog, http://io9.com/5070243/war-and-social-upheaval-cause-spikes-inzombie-movie-production, accessed September 15, 2010.

Nexon, Daniel, and Iver Neumann, eds. 2006. *Harry Potter and International Relations*. New York: Rowman and Littlefi eld.

Nye, Joseph. 2004. *Soft Power: The Means to Success in World Politics*. New York: Public Affairs.

Ó Gráda, Cormac. 2009. *Famine: A Short History*. Princeton: Princeton University Press.

Olson, Mancur. 1971. *The Logic of Collective Action: Public Goods and the Theory of Groups*. Cambridge, MA: Harvard University Press.

Organski, A.F.K. 1958. *World Politics*. New York: Alfred A. Knopf.

Ornstein, Norman, and Thomas Mann. 2006. "When Congress Checks Out," *Foreign Affairs* 85 (November–December): 67-82.

Paffenroth, Kim. 2006. *Gospel of the Living Dead: George Romero's Visions of Hell on Earth*. Houston: Baylor University Press.

Paris, Roland. 2001. "Human Security: Paradigm Shift or Hot Air?" *International Security* 26 (Fall): 87-102.

Perrow, Charles. *Normal Accidents*. New York: Basic Books.

Pew Research Center. 2009. *America's Place in the World 2009*. Washington, DC: Pew Research Center for the People and the Press.

Phelan, Chanda. 2009. "Omega-Alpha." Undergraduate thesis, Department of English, Pomona College, Claremont, CA.

Podhoretz, Norman. 2007. *World War IV: The Long Struggle against Islamofascism*. New York: Doubleday.

Powell, Robert. 1991. "Absolute and Relative Gains in International Relations Theory." *American Political Science Review* 85 (December): 1303-20.

Price-Smith, Andrew. 2002. *The Health of Nations: Infectious Disease, Environmental Change, and their Effects on National Security and Development*. Cambridge, MA: MIT Press.

Przeworski, Adam, and Michael Wallerstein. 1988. "Structural Dependence of the State on Capital," *American Political Science Review* 82 (February): 11-29.

Putnam, Robert. 1988. "Diplomacy and Domestic Politics: The Logic of Two-level Games." *International Organization* 42 (Summer): 427-60.

Quarantelli, E. L. 2004. "Sociology of Panic." In *International Encyclopedia of the Social and Behavioral Sciences*, ed. Neal Smelser and Paul Baltes, 11020-30. New York: Elsevier.

Quiggin, John. 2010. *Zombie Economics*. Princeton, NJ: Princeton University Press.

Rapport, Aaron. 2008. "Unexpected Affinities? Neoconservatism's Place in IR Theory." *Security Studies* 17 (April): 257-93.

Raustiala, Kal, and David Victor. 2004. "The Regime Complex for Plant Genetic Resources." *International Organization* 58 (Spring): 277-309.

Recht, Z. A. 2006. *Plague of the Dead*. New York: Permuted.

Risse-Kappen, Thomas. 1991. "Public Opinion, Domestic Structure, and Foreign Policy in Liberal Democracies." *World Politics* 43 (July): 479-512.

Rose, Gideon. 1998. "Neoclassical Realism and Theories of Foreign Policy." *World Politics* 51 (October): 144-72.

Rossman, Gabriel. 2010, March 12. "Fiddler's Green." Code and Culture: Stata, Sociology and Diffusion Models blog, http://codeandculture.wordpress.com/2010/03/12/fiddlers-green/. Accessed July 15, 2010.

Ruane, Abigail, and Patrick James. 2008. "The International Relations of Middle-Earth: Learning from *The Lord of the Rings*." *International Studies Perspectives* 9 (November): 377-94.

Rudolph, Volker, and Janis Antonovics. 2007. "Disease Transmission by Cannibalism: Rare Event or Common Occurrence?" *Proceedings of the Royal Society* 274 (February): 1205-10.

Russell, Jamie. 2005. *Book of the Dead: The Complete History of Zombie Cinema*. Surrey, England: FAB.

Russett, Bruce, and John Oneal. 1997. "The Classical Liberals Were Right: Democracy, Interdependence, and Conflict, 1950-1985." *International Studies Quarterly* 41 (June): 267-93.

Schweller, Randall. 2010. "Entropy and the Trajectory of World Politics: Why Polarity Has Become Less Meaningful." *Cambridge Journal of International Affairs* 23 (March): 145-63.

Sell, Susan. 2003. *Private Power, Public Law: The Globalization of Intellectual Property Rights*. Cambridge: Cambridge University Press.

Sen, Amartya. 1983. *Poverty and Famines: An Essay on Entitlement and Deprivation*. Oxford: Oxford University Press.

Sil, Rudra, and Peter Katzenstein. 2010. "Analytic Eclecticism in the Study of World Politics." *Perspectives on Politics* 8 (June): 411-31.

Simmons, Beth. 2009. *Mobilizing for Human Rights: International Law in*

Domestic Politics. New York: Cambridge University Press.

Simon, Herbert. 1976. *Administrative Behavior*. 3d ed. New York: Free Press.

Slaughter, Anne-Marie. 2004. *A New World Order*. Princeton, NJ: Princeton University Press.

Smith?, Robert J., Philip Munz, Ioan Hudea, and Joe Imad. 2009. "When Zombies Attack! Mathematical Modelling of an Outbreak of a Zombie Infection." In *Infectious Disease: Modelling Research Progress*, ed. J. M. Tcheunche and C. Chiyaka, 133–50. Hauppauge, NY: Nova Science.

Snidal, Duncan. 1991. "Relative Gains and the Pattern of International Cooperation." *American Political Science Review* 85 (September): 701–26.

Snower, Dennis. 1982. "Macroeconomic Policy and the Optimal Destruction of Vampires." *Journal of Political Economy* 90 (June): 647–55.

Snyder, Jack. 1991. *Myths of Empire*. Ithaca, NY: Cornell University Press.

———. 2002. "Anarchy and Culture: Insights from the Anthropology of War." *International Organization* 56 (Winter): 7–45.

Solnit, Rebecca. 2009. *A Paradise Built in Hell: The Extraordinary Communities that Arise in Disaster*. New York: Viking.

Sparks, Glenn, C. Leigh Nelson, and Rose Campbell. 1997. "The Relationship between Exposure to Televised Messages about Paranormal Phenomena and Paranormal Beliefs." *Journal of Broadcasting and Electronic Media* 41 (Summer): 345–59.

Stanger, Allison. 2009. *One Nation under Contract: The Outsourcing of American Power and the Future of Foreign Policy*. New Haven, CT: Yale University Press.

Stern, Jessica. 2002–3. "Dreaded Risks and the Control of Biological Weapons." *International Security* 27 (Winter): 89–123.

Strong, Philip. 1990. "Epidemic Psychology: A Model." *Sociology of Health and Illness* 12 (September): 249–59.

Sunstein, Cass, and Adrian Vermeule. 2008. "Conspiracy Theories." Law and Economics Research Paper Series No. 387, University of Chicago Law School.

Suskind, Ron. 2004, October 17. "Faith, Certainty, and the Presidency of

George W. Bush." *New York Times Magazine.*

———. 2006. *The One Percent Doctrine: Deep inside America's Pursuit of Its Enemies Since 9/11.* New York: Simon and Schuster.

Tannenwald, Nina. 1999. "The Nuclear Taboo: The United States and the Normative Basis of Nuclear Non-Use." *International Organization* 53 (July): 433–68.

———. 2005. "Stigmatizing the Bomb: Origins of the Nuclear Taboo." *International Security* 29 (Spring): 5–49.

Tetlock, Philip. 2005. *Expert Political Judgment.* Princeton, NJ: Princeton University Press.

Thaler, Richard, and Cass Sunstein. 2008. *Nudge: Improving Decisions about Health, Wealth and Happiness.* New Haven, CT: Yale University Press.

Tierney, Kathleen. 2004, January 30. "Collective Behavior in Times of Crisis." Commissioned paper presented at the National Research Council Roundtable on Social and Behavioral Sciences and Terrorism, National Academies, Washington, DC.

Tierney, Kathleen, Christine Bevc, and Erica Kuligowski. 2006. "Metaphors Matter: Disaster Myths, Media Frames, and their Consequences in Hurricane Katrina." *Annals of the American Academy of Political and Social Science* 604 (March): 57–81.

Twain, Mark, and W. Bill Czolgosz. 2009. *Adventures of Huckleberry Finn and Zombie Jim.* Winnipeg, Manitoba, Canada: Coscom.

Twitchell, James. 1985. *Dreadful Pleasures: An Anatomy of Modern Horror.* New York: Oxford University Press.

Twohy, Margaret. 2008. "From Voodoo to Viruses: The Evolution of the Zombie in Twentieth Century Popular Culture." Master's Thesis, Trinity College, Dublin.

Van Belle, Douglas. 1998. "Balance of Power and System Stability: Simulating Complex Anarchical Environments over the Internet," *Political Research Quarterly* 51 (March): 265–82.

Van Belle, Douglas, Kenneth Mash, and Joseph Braunwarth. 2010. *A Novel Approach to Politics.* 2nd ed. Washington: CQ.

VanDusky, Julie. 2010, November 20. "BRAINZ! . . . Zombie Movies and

War, An Odd Correlation." The Quantitative Peace blog, http://www.quantitativepeace.com/blog/2008/11/brainz-zombie-movies-and-war-an-odd-corre lation.html, accessed September 15, 2010.

Vass, Arpad. 2001. "Beyond the Grave—Understanding Human Decomposition." *Microbiology Today* 28 (November):190-92.

Waldmann, Paul. 2009, June 16. "The Left and the Living Dead." *American Prospect*, http://www.prospect.org/cs/articles?article=the_left_and_the_living_dead. Accessed July 15, 2010.

Walker, Thomas C. 2010. "The Perils of Paradigm Mentalities: Revisiting Kuhn, Lakatos, and Popper." *Perspectives on Politics* 8 (June): 433-51.

Waller, Gregory. 2010. *The Living and the Undead: Slaying Vampires, Exterminating Zombies.* Champaign: University of Illinois Press.

Walt, Stephen M. 1987. *The Origins of Alliances.* Ithaca, NY: Cornell University Press.

———. 1996. *Revolution and War.* Ithaca, NY: Cornell University Press.

———. 2005. *Taming American Power.* New York: W. W. Norton.

Waltz, Kenneth. 1959. *Man, the State and War: A Theoretical Analysis.* New York: Columbia University Press.

———. 1979. *Theory of International Politics.* New York: McGraw Hill.

Webb, Jen, and Sam Byrnard. 2008. "Some Kind of Virus: The Zombie as Body and as Trope." *Body and Society* 14 (June): 83-98.

Weber, Cynthia. 2006. *Imagining America at War: Morality, Politics and Film.* London: Routledge.

Weeks, Jessica. 2008. "Autocratic Audience Costs: Regime Type and Signaling Resolve." *International Organization* 62 (January): 35-64.

Weingast, Barry, and Mark Moran. 1983. "Bureaucratic Discretion of Congressional Control: Regulatory Policymaking by the Federal Trade Commission." *Journal of Political Economy* 91 (October): 765-800.

Weinstein, Neil. 1980. "Unrealistic Optimism about Future Life Events." *Journal of Personality and Social Psychology* 39 (May): 806-20.

Weldes, Jutta, ed. 2003. *To Seek Out New Worlds: Science Fiction and World Politics.* New York: Palgrave Macmillan.

Wellington, David. 2006a. *Monster Island.* New York: Thunder's Mouth

Press.

———. 2006b. *Monster Nation*. New York: Running Press.

———. 2007. *Monster Planet*. New York: Running Press.

Wendt, Alexander. 1999. *Social Theory of International Politics*. New York: Cambridge University Press.

———. 2003. "Why a World State Is Inevitable." *European Journal of International Relations* 9 (December): 491-542.

Wendt, Alexander, and Raymond Duvall. 2008. "Sovereignty and the UFO." *Political Theory* 36 (August): 607-33.

Wexler, Laura. 2008, April 13. "Commando Performance." *Washington Post*.

Williams, Michael. 2005. "What Is the National Interest? The Neoconservative Challenge in IR Theory." *European Journal of International Relations* 11 (September): 307-37.

Wilson, Craig. 2009, April 10. "Zombies Lurch into Popular Culture via Books, Plays, More." *USA Today*.

Wilson, James Q. 1989. *Bureaucracy: What Government Agencies Do and Why They Do It*. New York: Basic Books.

Zakaraia, Fareed. 1998. *From Wealth to Power: The Unusual Origins of America's World Role*. Princeton, NJ: Princeton University Press.

Zegart, Amy. 2007. *Spying Blind: The CIA, the FBI, and the Origins of 9/11*. Princeton, NJ: Princeton University Press.

찾아보기

28일 후 52, 58~59, 94, 186
28주 후 20, 52, 113, 157
NGO 100, 102. 비정부 기구 항목도 볼 것
UFO 32, 120~121. 외계인 항목도 볼 것

ㄱ

강경 성향 169~171
개발도상국 99
게임 이론 87~90, 92~93
결집효과 136
결핵 99. 유행병 항목도 볼 것
경제학 30~31
고립주의 139
곰 118
공수 균형 74
공유지의 비극 88~89
공포 34, 122, 164~165
관료정치 144~159, 181
구성주의 114~129, 180~181
구울 15, 25, 52, 58, 75, 79~80, 82, 94, 96, 98, 109~110, 119, 140~142, 152, 168. 좀비 항목도 볼 것
국경 없는 좀비회 100
국내정치 133~143, 158~159, 180~181
국제 관계 이론들 35~41, 64~185
　국제 관계 이론들과 좀비에 대해 존재하는 괴로운 격차 31
　국제 관계 이론들이 가진 패러다임적 성격 35~41, 182~185
　국제 관계 이론들의 국가 중심적 초점 182~183
　국제 관계 이론들이 가진 설명력 36, 183
　구성주의, 자유주의, 현실주의 항목도 볼 것 117~119, 121~123, 125, 133, 181
국제 레짐 96~97, 102~103, 108~109
　국제 레짐의 효율성 97~98, 108

국제 이주 기구 96
국제법 98~99, 108
군사 혁신 110
규범 118, 121, 125, 126
규범의 연쇄적인 확산 125, 181
균형 68~70, 75, 183
그랜트, 마이라 98, 158
글로벌 거버넌스 97, 109, 187. 국제 레짐 항목도 볼 것
금지 레짐 98
기본적 귀인 오류 166, 170

ㄴ

나토 76, 97, 157
남아프리카 75
네스 호에 사는 괴물 121
네트워크 158
뇌에에에 22
니체, 프리드리히 52, 108

ㄷ

다른 방식으로 살아 있는 생물체 15~16, 95. 좀비도 볼 것
다자간 협력 88, 90~91, 95, 97. 협력, 국제 레짐 항목도 볼 것
대만 77, 100
대학생 21, 127~128
대학생과 좀비와의 유사성 126~128
데다이트 15
데드 스노우 58
데드 얼라이브(브레인데드) 54, 139
데드헤드 15. 좀비 항목도 볼 것
덴들, 피터 20
도그하우스 52
독일 18, 70
독재 69, 99, 108, 111, 119
동맹 76, 80, 97, 111, 157. 나토 항목도 볼 것
동물학 29
듀발, 레이먼드 121

ㄹ

러셀, 버트란트 94
러시아 연방 77, 108, 111
럼스펠드, 도널드 20
레지던트 이블 51, 53, 141, 155. 엄브렐라 기업 항목도 볼 것
레짐 복합체 96~97. 국제 레짐 항목도 볼 것
레프트 4 데드 17
로메로, 조지 23, 39~40, 45, 53~54, 57, 59~60, 71~72, 74, 79, 93~94, 120, 124, 139~140, 151, 163, 184
롤링, J.K. 22

ㅁ

마르크스주의 20, 179
마베리, 조나단 35, 166
마블 사에서 나온 좀비 18
말라리아 99. 유행병 항목도 볼 것
머레이, 빌 126
먹이 98, 158
모델 31, 35, 36, 171, 184. 국제관계 이론 항목도 볼 것
무력 32~33, 109~113
무임승차 문제 88~89
무정부 상태 17, 67~69, 80, 82, 87, 122. 종말 이후 세계 항목도 볼 것
물리학 30
미국 97, 102, 108, 110, 134~136, 139
미어샤이머, 존 69, 80
민주주의 90~91, 107~108

ㅂ

바이오테러 19, 56, 150
바탈리언 51, 109, 141, 164
반지의 제왕 21, 32. 호빗 항목도 볼 것
뱀파이어 21~25, 30, 32, 121
　재수 없는 뱀파이어 25
버나드, 샘 124
벨라루스 77
봉쇄 76, 113
북미 국가 간 반좀비 협정 102
북한 108

브룩스, 맥스 39, 53, 58, 60, 74, 97, 98, 112, 124, 126, 152, 166
비상계획 21, 33
비정부 기구 100, 102

ㅅ

사스 100, 102, 164
사이버 전쟁 15, 30
사회과학 30, 183
사회학 31
살아 있는 시체들 29. 좀비 항목도 볼 것
살아 있는 시체들의 밤 23, 45, 120, 151, 184
상대적 이득에 대한 관심 68~69
상어 118
새벽의 저주 54, 58, 72, 94, 120, 139~140, 151, 154, 163, 172
새벽의 황당한 저주 93, 125~126, 134, 163
생물학 20, 55
서바이벌 오브 데드 139, 171
서투른 좀비 농담 1~240
세계 시민 사회 100. 비정부 기구 항목도 볼 것
세계 좀비 기구WZO 96
세계대전Z 53, 60, 74~75, 77~78, 97~98, 100, 112, 124, 126, 152, 155~156
세계의 종말 35
세계화 91, 95~98
세력전이 70, 75
소아마비 99. 유행병 항목도 볼 것
손자 31
솔닛, 레베카 122
수학 30
스릴러의 마성 55~56
스미스, 애덤 136
스턴, 제시카 33
스텐치 15. 좀비 항목도 볼 것
시리아 111
시체들의 낮 54, 72, 79, 120, 124, 151
시체들의 악의 축 111
시체들의 일기 15, 39, 95, 152
식인 29, 30, 117~118, 210(7장 주14 참고)
식인 구울 37~38, 46, 57, 59~60, 71~72, 74, 91, 95, 99~100, 103, 112, 123~124,

138, 155, 158, 170~172, 180. 좀비 항목도 볼 것
신종 플루 102, 164. 독감, 유행병 항목도 볼 것

ㅇ
아웃소싱 141
아이티 21, 23, 37
알 카에다 108, 111
애덤스, 존 퀸시 78
어글리 아메리칸 18
언데드 인권과 평등을 위한 영국 국민 모임 100
언데드 18, 30~34, 51, 54, 58~59, 73~75, 79, 82, 91, 97, 100, 158, 170~171, 180, 182. 좀비 항목도 볼 것
엄브렐라 기업 155
에이즈 99, 164
엘비스, 프레슬리 6, 121, 200
여론 33~34, 133~139, 181
역설 140
연성 권력 128
영국 18, 70, 100, 125, 134, 157
예측불허 세력 38
왈츠, 케네스 68, 164, 190
　　케네스 왈츠에 대한 애석한 마음 190
외계인 21, 53, 120, 121
움직이는 죽은 자 15. 좀비 항목도 볼 것
워킹 데드 18
월드먼, 폴 22
웬트, 알렉산더 120
웹, 젠 124
유럽 연합 79, 96, 100, 102, 108
유엔 79, 103, 108
유행병 15, 38, 73, 91, 97, 102
의회, 미국 135~136, 183~184
이란 78, 108, 111
이슬람 108
이익 단체 139~140, 142, 181
인과 메커니즘 52~53, 55~56
인류학 45, 123
일본 100

ㅈ
자연재해 73, 77, 182. 재난 항목도 볼 것
자유주의 84~103, 180
　신보수주의와 대조적인 자유주의 108~109
자유주의자 154~155
잡문 1~240
재난 38, 63, 73~74, 99, 121~122, 152, 156, 182
잭슨, 마이클 55
전망 이론 167, 169~170, 174
전염병 31, 60, 73, 88, 113, 120, 137, 155, 180. 유행병 항목도 볼 것
정상 사고 56. 관료정치 항목도 볼 것
정책 입안 32, 34, 140. 비상계획 항목도 볼 것
좀비 1~240
　감염률, 좀비 확산 59, 62, 91
　아이티식 좀비 24, 37, 45
　좀비와 인간 간 협정 및 동맹 80
　좀비가 가진 능력 48~63
　좀비들 간의 협력 94~95
　좀비에 대한 비상계획 21
　좀비에 대한 정의 42~47
　좀비에 대한 엘리트들의 멸시 21~22
　좀비에 대한 가족들의 반응 139~140
　좀비에 대한 지리적 장벽 74
　좀비가 가진 집단 사고적 경향 173~174
　좀비들에 맞선 국제 협력 75, 78
　좀비의 지능 51~52
　좀비들의 생활방식 126, 128
　좀비의 은유적 이용 19~20
　좀비의 별칭들 15~16
　좀비의 기원 53, 57
　완벽한 21세기적 위협인 좀비 38, 195, 198
　좀비가 선호하는 것 46~47, 52~53
　대중문화와 좀비 20, 33~34
　좀비의 인기 21
　좀비의 존재 가능성 22, 24
　좀비에 대한 학술 문헌 29, 31
　좀비의 속도 57~62
　좀비가 가진 뱀파이어에 대한 우월성 19~25

좀비 구호 기금 100
좀비 산업 복합체 140
좀비 스트리퍼 52, 141
좀비 연구학회 30, 45
좀비 정전 25, 39~40, 45~46, 51~52, 58~59, 72, 78, 119, 122, 124, 126, 150,
    155~156, 170~171, 180~181
좀비 정전이 가진 편견 39, 155~156, 169~171, 180~181
    좀비권 감시 기구 100
좀비랜드 54, 58, 93, 163
좀비의 비극 92~93
좀비의 윤리적 대우를 위한 사람들 100~101
종말 이후 17, 35, 56~59, 91~92, 93, 124~126, 180~181
중국 18, 54, 77, 99~100, 102, 108, 111, 134, 137~138
질병 통제 센터 150, 158
질병 29, 31, 60, 73, 95, 98~99, 166, 183. 유행병 항목도 볼 것
집단 사고 173

ㅊ
책임전가 76
처키 인형(시대에 뒤떨어짐) 22
철학 24, 29, 45
체니, 리처드 32
초자연적 존재 21~22, 25, 35. 호빗, 국제 관계 이론들, 뱀파이어, 좀비 항목도 볼 것

ㅋ
카르타헤나 의정서 96
카슈미르 77
컬튼, 조나단 92
케이건, 로버트 109
케인즈, 존 메이나드 95
코즈만, 앤서니 150
쿠바 78
키니, 브라이언 54, 150
킹, 스티븐 53

ㅌ
탄저병 공격 19
테러 공격 15, 32, 34

투키디데스 31, 73
트와일라이트 시리즈 22
트윗첼, 제임스 22

ㅍ

파키스탄 77
패권 70~71, 107~108
패러다임 36, 39, 72, 80, 82, 87, 89, 91, 93~95, 99, 103, 107, 117, 119, 120, 121, 125, 133, 147, 179, 182, 184. 국제 관계 이론들 항목도 볼 것
페미니즘 37
포스트휴먼 15, 18, 37
포터, 해리 22
폭동 32, 34, 74, 109, 112, 149, 150, 165
표준 처리 절차 150, 153
푸레디, 프랭크 124
프레슬리, 엘비스 6, 121
플래닛 테러 51, 141

ㅎ

하마스 111
한국 18, 100
합리적 선택 이론 167
핵무기 55, 118
허시먼, 앨버트 184
헤즈볼라 111
현실주의 64~83, 180
　　신보수주의와 대조를 이루는 현실주의 109
협력 68~69, 71~72, 84~103, 121~124, 141~142. 국제 레짐 항목도 볼 것
호빗 21, 32
　　바보 같은 호빗 32
홉스, 토마스 31
화학 무기 금지 조약 97
확증편향 165~166, 170
흑사병 73